はじめに

本書は、世界最大のニュース専門テレビ局CNNの放
を20本選りすぐって収録したものです。1本は、集中力を切らさずに聞き通せる、30秒ほどの長さになっています。

付録のCDには、CNNの放送そのものである「ナチュラル音声」のほか、ナレーターがゆっくり読み直した音声が「ポーズ（無音の間）入り」と「ポーズなし」で収められています。これら3パターンの音声を使ってリスニング練習を行うと、世界標準のニュース英語がだれでも聞き取れるようになるはずです。[30秒×3回聞き] 方式と本書が呼ぶこのリスニング練習には、通訳者養成学校でも採用されているサイトトランスレーションや区切り聞き、シャドーイングといった学習法が取り入れられているからです。

日本語訳を見て英語に戻す「反訳」を行うことで、発信型の練習もできます。

巻頭に「3つの効果的な学習法」および「本書の構成と使い方」という記事があるので、実際の練習に入る前に目を通しておくことをお勧めします。

なお、アメリカ英語（カナダ英語を含む）、イギリス英語、オーストラリア英語のニュースがバランスよく配分されていることも本書の特長です。ニュースの発信地も、アメリカとイギリスはもとより、日本や中国、オーストラリア、イタリア、ギリシャなど多彩ですから、最後まで興味深く聞き進められるでしょう。

TOEIC®テスト形式の問題や発音の解説、重要ボキャブラリーやニュースの関連情報なども掲載されています。活用し、より正確な理解の助けとしてください。

また、本書のご購入者には電子書籍版(PDF)とMP3音声（付録CDと同一内容）を無料で提供させていただきます。入手方法は巻末にありますので、ご覧ください。

最後に、本書収録のコンテンツは月刊英語学習誌『CNN English Express』の記事・音声を再編集したものであることをお知らせしておきます。新鮮なニュースと役立つ学習情報満載の雑誌は、本書と並行してご使用いただいても有益です。

2020年9月
『CNN English Express』編集部

CONTENTS

- Introduction ... 01
- How to Improve Your English Skills ... 04
- How to Use This Book ... 08

American Accent (Including Canadian Accent)

[News 01] One Space or Two? ... Track 02-03-04-63 ... 12
[News 02] Progress toward Artificial Eye ... Track 05-06-07-64 ... 16
[News 03] Bezos Launches Climate Fund ... Track 08-09-10-65 ... 20
[News 04] Study of Cuttlefish Vision ... Track 11-12-13-66 ... 24
[News 05] MLB Team Caught Cheating ... Track 14-15-16-67 ... 28
[News 06] Anderson Cooper Becomes a Dad ... Track 17-18-19-68 ... 32
[News 07] Trials for Coronavirus Detection Dogs ... Track 20-21-22-69 ... 36
[News 08] SpaceX Launches Astronauts ... Track 23-24-25-70 ... 40
[News 09] World's Oldest YouTube Gamer ... Track 26-27-28-71 ... 44
[News 10] Seven Matches, Seven Masks, Seven Wins ... Track 29-30-31-72 ... 48

British Accent

[News 11] Woman Beats COVID-19 at Age 102 ... Track 32-33-34-73 ... 52
[News 12] EU Approves Brexit ... Track 35-36-37-74 ... 56
[News 13] Huawei to Work on UK's 5G Network ... Track 38-39-40-75 ... 60
[News 14] Delivery Robots in High Demand ... Track 41-42-43-76 ... 64
[News 15] NASA Needs More Astronauts ... Track 44-45-46-77 ... 68

Australian Accent

[News 16] Security Law Passed for Hong Kong ... Track 47-48-49-78 ... 72
[News 17] Woman to Start Olympic Torch Relay ... Track 50-51-52-79 ... 76
[News 18] Protests on Australia Day ... Track 53-54-55-80 ... 80
[News 19] Patient Plays Violin during Brain Op ... Track 56-57-58-81 ... 84
[News 20] Tom Cruise to Act in Space ... Track 59-60-61-82 ... 88

- Words&Phrases ... 92
- How to Get the eBook ... 95

目次

● はじめに …… 01
● 3つの効果的な学習法 …… 04
● 本書の構成と使い方 …… 08

アメリカ英語（カナダ英語を含む）

[News 01] 英文ピリオドの後、正しいスペースの数は？ …… Track 02-03-04-63 …… 12
[News 02] ヒトの目をしのぐ超高解像度の人工眼球を開発中 …… Track 05-06-07-64 …… 16
[News 03] アマゾン CEO が気候変動対策に超巨額の支援 …… Track 08-09-10-65 …… 20
[News 04] イカが 3D メガネをかけたら、どうなる !? …… Track 11-12-13-66 …… 24
[News 05] メジャーリーグで禁断の「サイン盗み」が発覚 …… Track 14-15-16-67 …… 28
[News 06] CNN の看板アンカー、ゲイであってもパパになる！ …… Track 17-18-19-68 …… 32
[News 07] 犬は得意の嗅覚でコロナウイルスを探知できる !? …… Track 20-21-22-69 …… 36
[News 08] 9 年ぶり！米国が有人宇宙飛行に成功 …… Track 23-24-25-70 …… 40
[News 09] 世界最高齢で人気の日本人 YouTubu ゲーマー …… Track 26-27-28-71 …… 44
[News 10] 大坂なおみ、決意のマスクで栄冠を手に！ …… Track 29-30-31-72 …… 48

イギリス英語

[News 11] イタリアの 102 歳、新型コロナに打ち勝つ …… Track 32-33-34-73 …… 52
[News 12] 涙と喝采と歌の中、英国が遂に EU を離脱 …… Track 35-36-37-74 …… 56
[News 13] 英国 5G 事業へのファーウェイ参入に米国が圧力 …… Track 38-39-40-75 …… 60
[News 14] 配達ロボットの需要が中国で急増中！ …… Track 41-42-43-76 …… 64
[News 15] NASA が新世代の宇宙飛行士を募集 …… Track 44-45-46-77 …… 68

オーストラリア英語

[News 16] 「香港国家安全維持法」で一国二制度は終わる !? …… Track 47-48-49-78 …… 72
[News 17] 聖火リレーの第一走者が史上初めて女性に …… Track 50-51-52-79 …… 76
[News 18] 「オーストラリアの日」は何を記念している？ …… Track 53-54-55-80 …… 80
[News 19] 音楽家魂 !? 手術中の患者がバイオリン演奏 …… Track 56-57-58-81 …… 84
[News 20] NASA も協力！トム・クルーズが宇宙で映画撮影へ …… Track 59-60-61-82 …… 88

● ボキャブラリー・チェック …… 92
● 電子書籍版（PDF）・MP3 音声の入手方法 …… 95

本書は「30秒×３回聞き」方式を採用しています。これによって、だれでも世界標準の英語ニュースが聞き取れるようになるはずです。

「30秒×３回聞き」方式とは、30秒という集中力が途切れない長さのニュースを、３種類の音声で聞くというものです。そのため付録CDには、各ニュースが「ナチュラル音声」、「ゆっくり音声（ポーズ入り）」、「ゆっくり音声（ポーズなし）」という３種類で収録されています（ダウンロード提供するMP3音声も同一内容です）。また、文字としてもそれらに対応する形の英文が掲載されています。

これらの音声や英文は、ただ単に聞いたり読んだりするのではなく、以下に示すサイトトランスレーション、区切り聞き、シャドーイングという３つの学習法と結びつけることで高い効果を生むようになっています。

❶速読能力が高まるサイトトランスレーション

俗に「サイトラ」と呼ばれます。英語でつづるとsight translationです。sightは、名詞として「視力、視覚」、形容詞として「見てすぐの、初見での」という意味を持ちます。目にしたところからすぐに訳していくのがsight translationです。

サイトラの練習では、英文を頭から語順通りに目で追い、情報・意味の区切り目と思われる個所にスラッシュ（／）を書き入れ、区切られた部分をすぐに訳します。それを英文の最後まで次々と繰り返すのですが、こうした訳し方を「順送りの訳」と呼ぶこともあります。

なお､英文をどのくらい細かく区切るか､どこを情報･意味の区切り目としてスラッシュを入れるかは人それぞれでよく、絶対的なルールがあるわけではありません。

利点・効能 | サイトラを行うと、書かれた英文がその語順通りに理解できるようになり、自然と「速読」に結びつきます。そして、英文を素早く理解できるようになるということは、英文を英文としてそのまま理解できるということにつながっていきます。また､「読んで分からないものは聞いても分からない」という原則に従えば、サイトラの速読能力が「区切り聞き」で養う速聴能力の土台になるといえます。

本書での学習法 | 本書では、各ニュースに、普通の英文とスラッシュで区切られた

英文、およびそれらの訳文を掲載しています。まずはスラッシュで区切られた英文を順番にどんどん訳していき、掲載の訳文で正しく理解できたか確認しましょう。

本書で示されたスラッシュの入れ方や訳文はあくまで一例です。これに従ってしばらく練習しているとサイトラのやり方が感覚的につかめてきますので、やり方が分かったら、普通の英文を自分なりの区切り方で訳してみると、よい練習になります。また、区切られた日本語訳の方を見ながら順番に英語に訳していく「反訳」(日→英サイトトランスレーション)を行うと、英語での発信能力が格段に向上します。

練習のポイント | サイトラはなるべく素早く行うことが大切です。英文は「読んだ端から消えていくもの」くらいに考えて、次々と順送りの訳をこなしていきましょう。そうしているうちに読むスピードが速くなるはずですし、区切り聞きにもつながります。

❷速聴能力が高まる区切り聞き

サイトラをリスニングのトレーニングに応用したのが、「区切り聞き」と呼ばれる学習法です。サイトラでは英語が目から入ってきましたが、区切り聞きでは英語が耳から入ってくることになります。

区切り聞きの場合、英文にスラッシュを入れる代わりに、情報・意味の区切り目と思われる個所でオーディオプレーヤーを一時停止させ、すぐに訳します。その部分を訳し終えたら再び音声を先に進め、同様の作業を繰り返していきます。

利点・効能 | 区切り聞きを行うと、話された英文がその語順通りに理解できるようになり、自然と「速聴」に結びつきます。そして、英文を素早く理解できるようになるということは、英文を英文としてそのまま理解できるということにつながっていきます。

本書での学習法 | だれでも英語ニュースが聞き取れるようになるよう、本書では区切り聞き練習を重視しています。付録CDに収録されている「ゆっくり音声(ポーズ入り)」を利用することで、オーディオプレーヤーを自分でいちいち一時停止させる

面倒がなくなり、区切り聞きがしやすくなっています。ポーズ（無音の間）の位置はサイトラのスラッシュと同じにしてありますが、ポーズで区切られた部分を素早く訳していきましょう。

付録CDには、各ニュースが「ナチュラル音声」、「ゆっくり音声（ポーズ入り）」、「ゆっくり音声（ポーズなし）」の順番で入っています。まずは「ナチュラル音声」を聞いて全体の内容を推測し、次に「ゆっくり音声（ポーズ入り）」を使った区切り聞きで部分ごとに順番に理解できるようになり、その後「ゆっくり音声（ポーズなし）」で全体を頭から素早く理解していくことができるかどうか試してみてください。

付録CDの最後には、全ニュースのナチュラル音声だけを集めて、もう一度収録してあります。これらを頭から素早く理解していけるようになるのが最終目標です。

練習のポイント｜音声は流れる端から消えていってしまいます。英文を後ろから前に戻って理解するなどということはできないため、耳に入った文を瞬時に理解する英語力と集中力が求められます。このトレーニングによってリスニング力は必ず向上するので、集中力を高める訓練をするつもりで挑戦してみましょう。

特にニュースを聞く場合、背景知識があると情報がすんなりと頭に入りますから、日ごろからいろいろな記事について興味を持っておくことも大切です。本書には「ニュースのミニ知識」や「ワンポイント解説」が掲載されているので、役立ててください。

英文は論理的と言われますが、特にニュースでは、全体の起承転結の流れはもちろん、ひとつのセンテンスの中でも、「①だれ（何）が ②だれ（何）に対して ③何を ④いつ ⑤どこで」という情報がかなり秩序だって含まれています。このような情報を意識して聞くと、リスニングも楽になります。

❸総合力を養うシャドーイング

シャドーイングは英語でshadowingとつづります。shadowという語には動詞として「影のように付いていく」という意味がありますが、学習法としてのシャドーイングは、聞こえてくる英語音声を一歩後から追いかけるようにリピートしていくものです。オリジナルの英語音声に遅れないように付いていく様子が「影」のようなので、こう名づけられました。

利点・効能｜シャドーイングは、今聞いた音声をリピートしながら、同時に次の音声のリスニングも行うというものなので、アウトプットとインプットの同時進行になります。そのため同時通訳のトレーニングとして普及しましたが、一般の英語学習者にも有益であることがいろいろな研究で認められています。

通常のリスニング練習は学習者が音声を聞くだけ、すなわち受動的なやり方であるのに対し、シャドーイングは学習者の参加を伴うもの、いわば能動的な学習法です。この能動的な学習法は、受動的なものに比べ、よりいっそう集中力を高める訓練になり、リスニング力を向上させます。また、正しい発音やイントネーションを身につける訓練にもなり、ひいてはスピーキング力を高めるのにも役立ちます。

本書での学習法｜シャドーイングは難易度の高い学習法なので、「ナチュラル音声」でいきなり練習するのではなく、最初は「ゆっくり音声（ポーズなし）」を利用するのがよいでしょう。それでも難しいと感じる人も多いでしょうから、「ゆっくり音声（ポーズ入り）」から始めるのも一案です。ポーズが入った音声を用いるのは本来のシャドーイングとは違うという考え方もありますが、無理をして挫折することのないよう、できることから始めてください。

練習のポイント｜シャドーイングでは、流れてくる音声を一字一句リピートしなければならないため、ひとつひとつの単語に神経を集中するあまり、文全体の意味を把握できなくなることがよくあります。きちんと論旨を追いながらトレーニングすることが大切です。

ただし、区切り聞きのように日本語に順次訳していこうと思ってはいけません。英語を正確に聞き取り、正確な発音とイントネーションでリピートしようとしているときに、頭の中に日本語を思い浮かべていては混乱するだけだからです。シャドーイングには、区切り聞きから一歩進んで、英語を英語のまま理解する力が必要になってきます。

もしも英語でのシャドーイングがどうしても難しすぎるという場合は、まず日本語でシャドーイングする練習から始めてみましょう。

本書では各ニュースに２見開き（４ページ）ずつ割り振ってありますが、それぞれの見開きは以下のように構成されています。

パターンA

❶ CDのトラック番号

付録CDには、各ニュースが「ナチュラル音声」、「ゆっくり音声（ポーズ入り）」、「ゆっくり音声（ポーズなし）」という３種類で収録されています（ダウンロード提供するMP3音声もCDと同一内容です）。また、CDの最後には、全ニュースのナチュラル音声だけを集めて、もう一度収録してあります。これらのうち「ゆっくり音声（ポーズ入り）」を除いたトラック番号が最初の見開きに示されています。「ゆっくり音声（ポーズ入り）」のトラック番号は次の見開きにあります。

なお、「ナチュラル音声」はCNNの放送そのままですが、「ゆっくり音声」は学習用にプロのナレーターが読み直したものです。

❷ アクセント

「ナチュラル音声」のアクセント、すなわちCNNキャスターのアクセントを表しています。本書は、アメリカ英語（カナダ英語を含む）のニュース10本、イギリス英語のニュース５本、オーストラリア英語のニュース５本をピックアップし、アクセント別に構成してあります。これらのアクセントはTOEIC® L&Rテストのリスニングセクションにも採用されているので、受験対策としても役立ちます。

なお、「ゆっくり音声」のナレーターは基本的にアメリカ英語です。

❸ ニュースのトランスクリプト

「ナチュラル音声」で30秒前後の短いCNNニュースのトランスクリプト（音声を文字化したもの）です。重要ボキャブラリーで取り上げている語には色をつけてあります。

❹ リスニングのポイント

このニュースに見られる音の変化や発音の特徴などが解説されています。アメリカ英語の最初のニュース2本およびイギリス英語とオーストラリア英語の最初のニュースだけに付いている記事です。

❺ ニュースの日本語訳

❸のトランスクリプトに対応した日本語訳です。

❻ 重要ボキャブラリー

各ニュースから５つずつ取り上げています。ニュースの文脈の中で使い方やニュアンスをつかみながら、ボキャブラリーを増やしていきましょう。なお、巻末には「ボキャブラリー・チェック」が付いていますので、復習に利用してください。

❼ ニュースのミニ知識

このニュースの背景や関連情報が記載されています。背景知識があると、英語を聞いたときに情報がすんなりと頭に入ります。

❽ ニュースの発信地

ニュースの舞台となっている国・地域または団体・組織などを示します。

最初の見開き

1

2

American

News 01 ナチュラル音声［1回目］Track 02 ゆっくり音声［ポーズなし］Track 04 ナチュラル音声［2回目］Track 63

アメリカ英語です。まずは、ナチュラル音声を聞いて内容を推測しましょう。
次に、ページをめくって、ゆっくり音声（ポーズ入り）に進みましょう。

タイプライター時代の名残が今の書式にも見られます。

One Space or Two?

英文ピリオドの後、正しいスペースの数は？

When those typewriters were widely used around the world, people were taught to put two spaces in between sentences. Each letter took up the same amount of space, so adding the extra space made the trans between sentences easier to read. Today, though, the letters most of the fonts we read or print have different widths, and several style guides suggest using only one space. But if you're old school, Microsoft will attack you. The company's newest version of Word will put one of those blue, squiggly lines, indicating you've made a mistake, after each double space following a period. Aired on April 28, 2020

それらのタイプライターが世界中で広く使われていた頃は、人々は文と文の間にはスペースを2つ空けるようにと教えられました。（タイプライターの）文字はどれも同じ幅を取った もう1つスペースを空けることで、次の文へ読み進めやすくなった かし、今日読んだり印刷したりするほとんどのフォントは、文字に 文字幅が異なるため、スペースは1つだけ空けるように推奨しているスタイルガイドもいくつかあります。ですが、もしあなたが守旧派なら、マイクロソフト社にダメ出しされることになります。同社の最新版のWordでは、ピリオドの後に続くダブルスペースを入力するたびに、誤りを示す例の青い波線が引かれます。

（2020年8月号掲載）（訳　石黒円理）

リスニングのポイント
解説：南條健助（桃山学院大学国際教養学部准教授）

アメリカ英語では、「母音＋［n］＋［t］＋弱い母音＋［n］」という音の連鎖に2通りの音変化が起こる可能性がある。

2、4行目のsentences
［セネンスィズ］

sentencesの下線部には、「母音＋［n］＋［t］＋弱い母音＋［n］」という音の連鎖があります。アメリカ英語では、この連鎖に2通りの音変化が起こる可能性があります。ひとつは、「［n］＋［t］＋弱い母音」という連鎖において、［t］の音が消えるという変化です。その結果、後に残された「［n］＋弱い母音」の部分が、日本語のナ行に近い響きになります。ここでは、この現象が起こっており、sentencesがsen'ences［セネンスィズ］のように聞こえます。もうひとつは、「母音（または［l］、［r］、［m］、［n］の音）＋［t］＋弱い母音＋［n］」という連鎖において、「［t］＋弱い母音」の部分が消えて、代わりに、一瞬だけ息を止めたような間が聞こえるという変化です。この場合、sentencesが［セ(ン)ッ・ンスィズ］のように聞こえます。ほかにも、badmintonが［バーッ(ド)メ(ン)ッ・ン］のように、importantが［インポーッ・ン(ト)］のように、mountainが［マウ(ン)ッ・ン］のように聞こえます。

重要ボキャブラリー

typewriter［táipràitər］	タイプライター
transition［trænzíʃən］	移行、遷移
width［wídθ］	幅、横幅
squiggly line［skwígəli láin］	くねくねした線、波線
indicate (that)［índikèit］	～ということを示す

ニュースのミニ知識

世界中で多くの人が使っているマイクロソフト社の文章作成ソフト「Word」では、英文を入力する際、誤字脱字があると思われる箇所を波線で指摘してくれる。2020年4月に配信され始めた同ソフトの最新版では、英文ピリオドの後に2つスペースを空けると青い波線が るようになったのだが、ダブル を りとして扱うこの仕様には 人も少なくない。ピリオドの スペースの数については長い間、論議されてきたからだ。

12 FROM［アメリカ］　　FROM［アメリカ］ 13

パターン
A

8　8

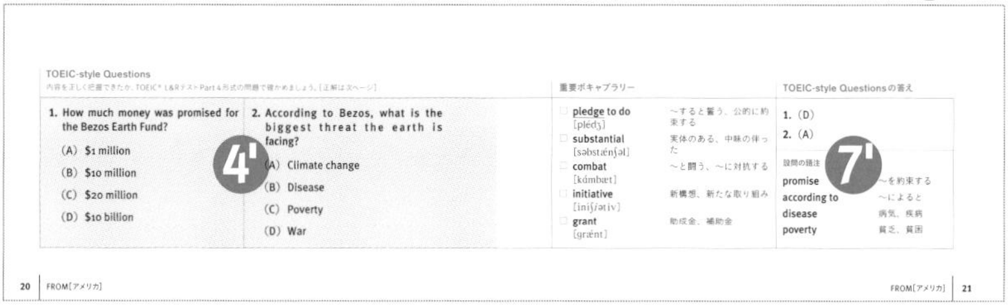

TOEIC-style Questions
内容を正しく把握できたか、TOEIC® L&Rテスト Part 4 形式の問題で確かめましょう。［正解は次ページ］

1. How much money was promised for the Bezos Earth Fund?
   (A) $1 million
   (B) $10 million
   (C) $20 million
   (D) $10 billion

2. According to Bezos, what is the biggest threat the earth is facing?
   (A) Climate change
   (B) Disease
   (C) Poverty
   (D) War

重要ボキャブラリー

pledge to do［plédʒ］	～すると誓う、公的に約束する
substantial［səbstǽnʃəl］	実体のある、中味の伴った
combat［kɑ́mbæt］	～と闘う、～に対抗する
initiative［iníʃiətiv］	新構想、新たな取り組み
grant［grǽnt］	助成金、補助金

TOEIC-style Questionsの答え

1. (D)
2. (A)

設問の語注

promise	～を約束する
according to	～によると
disease	病気、疾病
poverty	貧乏、貧困

20 FROM［アメリカ］　　FROM［アメリカ］ 21

パターン
B

パターンB

❹' TOEIC-style Questions

ニュースの内容が理解できたかどうかを確かめる問題です。TOEIC®L&RテストPart 4と同じ4択形式です。全20本のニュースのうち、アメリカ英語の最初の2本とイギリス英語・オーストラリア英語の最初の各1本を除いた、16本のニュースに付いています。

❼' TOEIC-style Questionsの答え

❹'の問題の答えです。設問の語注も掲載されています。

❶ CDのトラック番号

「ゆっくり音声（ポーズ入り）」のトラック番号が示されています。

❷ アクセント

「ゆっくり音声」のナレーターは基本的にアメリカ英語ですが、ここに示されているのは「ナチュラル音声」のアクセント、すなわちCNNキャスターのアクセントです。

❸ ニュースのトランスクリプト

トランスクリプト（音声を文字化したもの）にサイトトランスレーション用のスラッシュを入れ、そこで改行してあります。また、付録CDの「ゆっくり音声（ポーズ入り）」では、スラッシュのところでポーズ（無音の間）が挿入されています。

このトランスクリプトや音声を利用して、サイトトランスレーションや区切り聞き、シャドーイングなどの練習をしましょう。やり方については「3つの効果的な学習法」のページ（pp.4-7）を参照してください。

❹ 語注

ニュース中の単語やイディオムなどをピックアップし、意味を示しました。前の見開きで「重要ボキャブラリー」に取り上げた語も、ここに再度記載しています。全ニュースの語注が巻末の「ボキャブラリー・チェック」にまとめられているので、復習に利用してください。

❺ ニュースの日本語訳

スラッシュで区切られた、❸のトランスクリプトに対応した日本語訳です。この日本語訳の方を見ながら順番に元の英語に訳していく「反訳」（日→英サイトトランスレーション）を行うと、英語での発信能力が格段に向上します。

❻ ワンポイント解説

分かりにくい個所の文法的な解説やニュースの関連知識など、ニュースをより正確に理解するのに役立つ情報が記載されています。

後の見開き

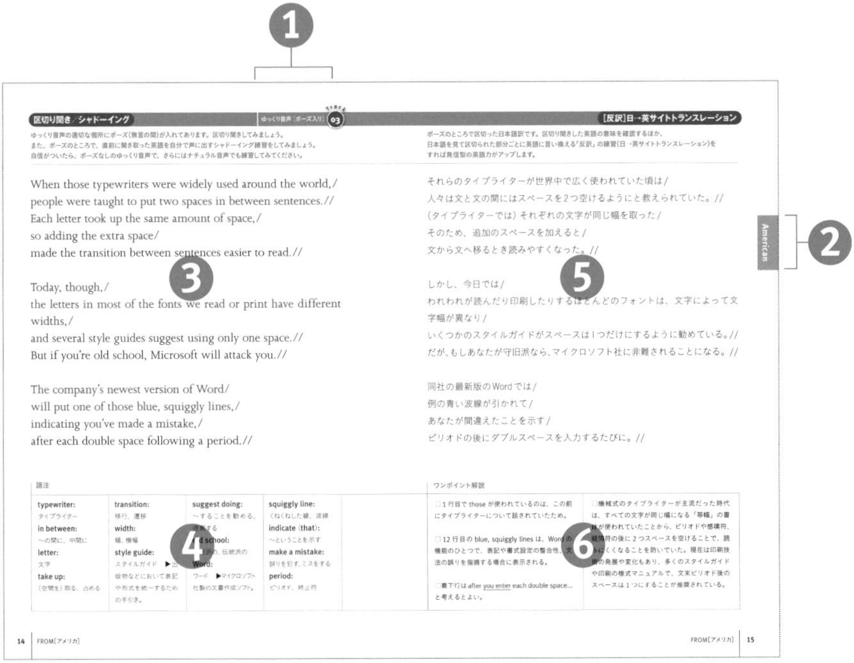

区切り聞き／シャドーイング　ゆっくり音声［ポーズ入り］ Track 03

ゆっくり音声の適切な個所にポーズ(無言の間)が入れてあります。区切り聞きしてみましょう。
また、ポーズのところで、直前に聞き取った英語を自分で声に出すシャドーイング練習をしてみましょう。
自信がついたら、ポーズなしのゆっくり音声で、さらにはナチュラル音声でも練習してみてください。

When those typewriters were widely used around the world,/
people were taught to put two spaces in between sentences.//
Each letter took up the same amount of space,/
so adding the extra space/
made the transition between sentences easier to read.//

Today, though,/
the letters in most of the fonts we read or print have different widths,/
and several style guides suggest using only one space.//
But if you're old school, Microsoft will attack you.//

The company's newest version of Word/
will put one of those blue, squiggly lines,/
indicating you've made a mistake,/
after each double space following a period.//

語注

typewriter: タイプライター **in between:** ～の間に、中間に **letter:** 文字 **take up:** (空間を)取る、占める	**transition:** 移行、遷移 **width:** 幅、横幅 **style guide:** スタイルガイド　▶出版物などにおいて表記や形式を統一するための手引き。	**suggest doing:** ～することを勧める、提案する **old school:** [illegible]の、伝統派の **Word:** ワード　▶マイクロソフト社製の文書作成ソフト。	**squiggly line:** くねくねした線、波線 **indicate (that):** ～ということを示す **make a mistake:** 誤りを犯す、ミスをする **period:** ピリオド、終止符

14　FROM［アメリカ］

［反訳］日→英サイトトランスレーション

ポーズのところで区切った日本語訳です。区切り聞きした英語の意味を確認するほか、
日本語を見て区切られた部分ごとに英語に言い換える「反訳」の練習(日→英サイトトランスレーション)を
すれば発信型の英語力がアップします。

American

それらのタイプライターが世界中で広く使われていた頃は/
人々は文と文の間にはスペースを2つ空けるようにと教えられていた。//
(タイプライターでは)それぞれの文字が同じ幅を取った/
そのため、追加のスペースを加えると/
文から文へ移るとき読みやすくなった。//

しかし、今日では/
われわれが読んだり印刷したりするほとんどのフォントは、文字によって文字幅が異なり/
いくつかのスタイルガイドがスペースは1つだけにするように勧めている。//
だが、もしあなたが守旧派なら、マイクロソフト社に非難されることになる。//

同社の最新版のWordでは/
例の青い波線が引かれて/
あなたが間違えたことを示す/
ピリオドの後にダブルスペースを入力するたびに。//

ワンポイント解説

□1行目でthoseが使われているのは、この前にタイプライターについて話されていたため。

□12行目のblue, squiggly linesは、Wordの機能のひとつで、表記や書式設定の整合性、文法の誤りを指摘する場合に表示される。

□最下行はafter you enter each double space...と考えるとよい。

□機械式のタイプライターが主流だった時代は、すべての文字が同じ幅になる「等幅」の書体が使われていたことから、ピリオドや感嘆符、疑問符の後に2つスペースを空けることで、読みにくくなることを防いでいた。現在は印刷技術の発展や変化もあり、多くのスタイルガイドや印刷の様式マニュアルで、文末ピリオド後のスペースは1つにすることが推奨されている。

FROM［アメリカ］　15

次ページからニュースが始まります➡

NEWS 01 ナチュラル音声［1回目］ Track 02 ゆっくり音声［ポーズなし］ Track 04 ナチュラル音声［2回目］ Track 63

アメリカ英語です。まずは、ナチュラル音声を聞いて内容を推測しましょう。
次に、ページをめくって、ゆっくり音声（ポーズ入り）に進みましょう。

One Space or Two?

When those typewriters were widely used around the world, people were taught to put two spaces in between sentences. Each letter took up the same amount of space, so adding the extra space made the transition between sentences easier to read. Today, though, the letters in most of the fonts we read or print have different widths, and several style guides suggest using only one space. But if you're old school, Microsoft will attack you. The company's newest version of Word will put one of those blue, squiggly lines, indicating you've made a mistake, after each double space following a period.

Aired on April 28, 2020

リスニングのポイント

解説：南條健助（桃山学院大学国際教養学部准教授）

アメリカ英語では、「母音＋［n］＋［t］＋弱い母音＋［n］」という音の連鎖に2通りの音変化が起こる可能性がある。

2、4行目のsentences
［**セ**ネンスィズ］

sentencesの下線部には、「母音＋［n］＋［t］＋弱い母音＋［n］」という音の連鎖があります。アメリカ英語では、この連鎖に2通りの音変化が起こる可能性があります。ひとつは、「［n］＋［t］＋弱い母音」という連鎖において、［t］の音が消えるという変化です。その結果、後に残された「［n］＋弱い母音」の部分が、日本語のナ行に近い響きになります。ここでは、この現象が起こっており、sentencesがsen'ences［**セ**ネンスィズ］のように聞こえます。もうひとつは、「母音（または［l］、［r］、［m］、［n］の音）＋［t］＋弱い母音＋［n］」という連鎖において、「［t］＋弱い母音」の部分が消えて、代わりに、一瞬だけ息を止めたような間《ま》が聞こえるという変化です。その場合、sentencesが［**セ**(ン)ッ・ンスィズ］のように聞こえます。ほかにも、badmintonが［**バ**ーッ(ド)メ(ン)ッ・ン］のように、importantが［イン**ポ**ーッ・ン(ト)］のように、mountainが［**マ**ウ(ン)ッ・ン］のように聞こえます。

タイプライター時代の名残が
今の書式にも見られます。

英文ピリオドの後、正しいスペースの数は？

American

それらのタイプライターが世界中で広く使われていた頃は、人々は文と文の間にはスペースを2つ空けるようにと教えられました。（タイプライターの）文字はどれも同じ幅を取ったため、もう1つスペースを空けることで、次の文へ読み進めやすくなったのです。しかし、今日読んだり印刷したりするほとんどのフォントは、文字によって文字幅が異なるため、スペースは1つだけ空けるように推奨しているスタイルガイドもいくつかあります。ですが、もしあなたが守旧派なら、マイクロソフト社にダメ出しされることになります。同社の最新版のWordでは、ピリオドの後に続くダブルスペースを入力するたびに、誤りを示す例の青い波線が引かれます。

（2020年8月号掲載）（訳　石黒円理）

重要ボキャブラリー

□ **typewriter** [táipràitər]	タイプライター
□ **transition** [trænzíʃən]	移行、遷移
□ **width** [wídθ]	幅、横幅
□ **squiggly line** [skwígəli láin]	くねくねした線、波線
□ **indicate (that)** [índikèit]	～ということを示す

ニュースのミニ知識

世界中で多くの人が使っているマイクロソフト社の文章作成ソフト「Word」では、英文を入力する際、誤字脱字があると思われる箇所を波線で指摘してくれる。2020年4月に配信され始めた同ソフトの最新版では、英文ピリオドの後に2つスペースを空けると青い波線が表示されるようになったのだが、ダブルスペースを誤りとして扱うこの仕様には異論を唱える人も少なくない。ピリオドの後のスペースの数については長い間、論議されてきたからだ。

区切り聞き／シャドーイング

ゆっくり音声［ポーズ入り］ Track 03

ゆっくり音声の適切な個所にポーズ（無言の間）が入れてあります。区切り聞きしてみましょう。
また、ポーズのところで、直前に聞き取った英語を自分で声に出すシャドーイング練習をしてみましょう。
自信がついたら、ポーズなしのゆっくり音声で、さらにはナチュラル音声でも練習してみてください。

When those typewriters were widely used around the world,/
people were taught to put two spaces in between sentences.//
Each letter took up the same amount of space,/
so adding the extra space/
made the transition between sentences easier to read.//

Today, though,/
the letters in most of the fonts we read or print have different widths,/
and several style guides suggest using only one space.//
But if you're old school, Microsoft will attack you.//

The company's newest version of Word/
will put one of those blue, squiggly lines,/
indicating you've made a mistake,/
after each double space following a period.//

語注

typewriter:
タイプライター
in between:
～の間に、中間に
letter:
文字
take up:
（空間を）取る、占める

transition:
移行、遷移
width:
幅、横幅
style guide:
スタイルガイド　▶出版物などにおいて表記や形式を統一するための手引き。

suggest doing:
～することを勧める、提案する
old school:
守旧派の、伝統派の
Word:
ワード　▶マイクロソフト社製の文書作成ソフト。

squiggly line:
くねくねした線、波線
indicate (that):
～ということを示す
make a mistake:
誤りを犯す、ミスをする
period:
ピリオド、終止符

ポーズのところで区切った日本語訳です。区切り聞きした英語の意味を確認するほか、日本語を見て区切られた部分ごとに英語に言い換える「反訳」の練習(日→英サイトトランスレーション)をすれば発信型の英語力がアップします。

それらのタイプライターが世界中で広く使われていた頃は/
人々は文と文の間にはスペースを2つ空けるようにと教えられていた。//
(タイプライターでは) それぞれの文字が同じ幅を取った/
そのため、追加のスペースを加えると/
文から文へ移るとき読みやすくなった。//

しかし、今日では/
われわれが読んだり印刷したりするほとんどのフォントは、文字によって文字幅が異なり/
いくつかのスタイルガイドがスペースは1つだけにするように勧めている。//
だが、もしあなたが守旧派なら、マイクロソフト社に非難されることになる。//

同社の最新版のWordでは/
例の青い波線が引かれて/
あなたが間違えたことを示す/
ピリオドの後にダブルスペースを入力するたびに。//

ワンポイント解説

□1行目でthoseが使われているのは、この前にタイプライターについて話されていたため。

□12行目のblue, squiggly linesは、Wordの機能のひとつで、表記や書式設定の整合性、文法の誤りを指摘する場合に表示される。

□最下行はafter you enter each double space...と考えるとよい。

□機械式のタイプライターが主流だった時代は、すべての文字が同じ幅になる「等幅」の書体が使われていたことから、ピリオドや感嘆符、疑問符の後に2つスペースを空けることで、読みにくくなることを防いでいた。現在は印刷技術の発展や変化もあり、多くのスタイルガイドや印刷の様式マニュアルで、文末ピリオド後のスペースは1つにすることが推奨されている。

NEWS 02 ナチュラル音声［1回目］ Track 05 ゆっくり音声［ポーズなし］ Track 07 ナチュラル音声［2回目］ Track 64

アメリカ英語です。まずは、ナチュラル音声を聞いて内容を推測しましょう。
次に、ページをめくって、ゆっくり音声（ポーズ入り）に進みましょう。

Progress toward Artificial Eye

According to research published in the journal *Nature*, scientists at a Hong Kong university are working on an electrochemical eye. It is not ready for prime time: it can't see much yet. But researchers hope the prototype could eventually work better than a human eye, even managing to provide night vision. It's eye-opening research that aspiring Spidermen will want to keep an eye on.

Aired on May 26, 2020

リスニングのポイント

解説：南條健助（桃山学院大学国際教養学部准教授）

前置詞のtoは弱く発音され、発音が変化することがある。

1行目のAccording to
［アコ**ーリンヌ］**

前置詞のtoは弱く発音され、すぐ前にある語の最後の音の影響を受けて、発音が変化することがあります。ここでは、Accordingの最後にあるngの音（鼻に掛かったガ行の子音）の影響を受けて、toが［ヌ］のように聞こえます。同様に、going toが［グナ］のように、trying toが［チュ**ラ**イナ］のように聞こえることがあり、これらの発音を表すために、くだけた文章などでは、gonnaやtrynaとつづられることがあります。また、[l]、[m]、[n] の音で終わる語のすぐ後ろでは、toの [t] の音が濁って発音され、[d] の音のように聞こえることがあり、able toが［**エ**イボードゥ］のように、come toが［**カ**ムドゥ］のように、seem toが［**スィ**ームドゥ］のように、happen toなどが［**ハ**ープンドゥ］のように聞こえます。母音で終わる語のすぐ後ろでは、toの [t] の音が、しばしば日本語のラ行の子音のように聞こえますので、go toが［**ゴ**ウル］のように、how toが［**ハ**ウル］のように聞こえます。

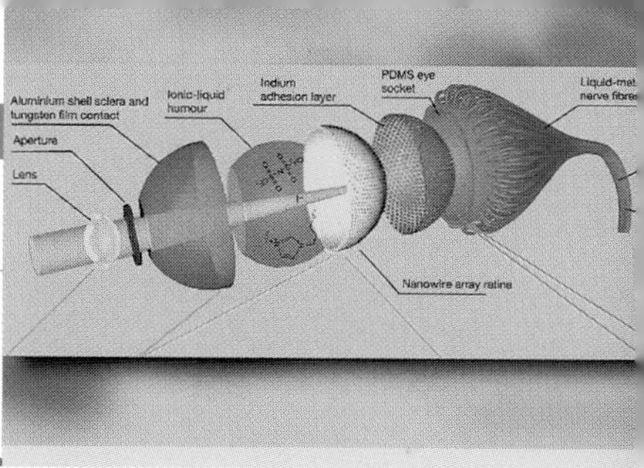

香港科技大学は
世界初の人工眼球を開発中です。

ヒトの目をしのぐ
超高解像度の人工眼球を開発中

ネイチャー誌で発表された研究によると、香港のある大学の科学者チームが、電気化学的な眼球の開発に取り組んでいます。その人工眼球はまだ実用化には至っていません。つまり、まだあまり見えていないのです。しかし、研究チームは、人工眼球の試作品が最終的にはヒトの目よりうまく機能する可能性があり、何とか暗視能力も提供できるかもしれないと期待しています。これは、スパイダーマンになりたい人が目を離せなくなる、目を見張るような研究ですね。

(2020年10月号掲載) (訳　石黒円理)

重要ボキャブラリー

□ **electrochemical** [ilèktroukémikəl]	電気化学的な
□ **prototype** [próutətàip]	試作品、プロトタイプ
□ **night vision** [náit vìʒən]	暗視、暗視能力
□ **eye-opening** [ái òupəniŋ]	目を見張るような、驚くべき
□ **aspiring** [əspáiəriŋ]	～になりたい、～志願の

ニュースのミニ知識

香港科技大学で開発中の人工眼球「EC-EYE (ElectroChemical EYE)」が、ヒトの目をしのぐ高解像度を有するとして注目されている。この直径約2センチの半球形をした「眼球」は構造においても人間の視覚機能を模倣している。その特徴的な構成要素のひとつが、ヒトの網膜を再現するために開発された極小のマイクロセンサーだ。このナノサイズのセンサーを人工眼球の網膜内に覆うように貼ることで、神経細胞のように電気信号に反応し、電子回路を通じて捉えた視覚情報を画像として生成するという仕組みになっている。

区切り聞き／シャドーイング

ゆっくり音声［ポーズ入り］ Track 06

ゆっくり音声の適切な個所にポーズ（無言の間）が入れてあります。区切り聞きしてみましょう。
また、ポーズのところで、直前に聞き取った英語を自分で声に出すシャドーイング練習をしてみましょう。
自信がついたら、ポーズなしのゆっくり音声で、さらにはナチュラル音声でも練習してみてください。

According to research published in the journal *Nature*,/
scientists at a Hong Kong university/
are working on an electrochemical eye.//

It is not ready for prime time:/
it can't see much yet.//

But researchers hope/
the prototype could eventually work better than a human eye,/
even managing to provide night vision.//

It's eye-opening research/
that aspiring Spidermen will want to keep an eye on.//

語注

progress:
《タイトル》進歩、前進

artificial:
《タイトル》人工の、人造の

publish:
～を正式に発表する

electrochemical:
電気化学的な

be not ready for prime time:
まだ実用化には至っていない　▶「（テレビの）ゴールデンタイムに放送できるほどではない」ということから生まれたフレーズで、通常、否定形で使われる。

prototype:
試作品、プロトタイプ

eventually:
最終的には、ゆくゆくは

manage to do:
何とか～する

night vision:
暗視、暗視能力

eye-opening:
目を見張るような、驚くべき

aspiring:
～になりたい、～志願の

keep an eye on:
～から目を離さない、～を見守る

ポーズのところで区切った日本語訳です。区切り聞きした英語の意味を確認するほか、日本語を見て区切られた部分ごとに英語に言い換える「反訳」の練習(日→英サイトトランスレーション)をすれば発信型の英語力がアップします。

ネイチャー誌で発表された研究によると/
香港のある大学の科学者たちが/
電気化学的なの眼球（の開発）に取り組んでいる。//

それはまだ実用化には至っていない/
つまり、まだあまり見えていないのだ。//

だが、研究者たちは期待している/
この試作品が最終的にはヒトの目よりうまく機能する可能性があり/
何とか暗視能力も提供できるかもしれない、と。//

これは目を見張るような研究だ/
スパイダーマンになりたい人は研究から目を離せなくなるだろう。//

ワンポイント解説

□4行目のItおよび5行目のitは、3行目のan electrochemical eyeを指す。

□8行目は分詞構文だが、and could even manage to... と考えるとよい。

□最下行は、マーベル作品のヒーロー「スパイダーマン」が高い動体視力や暗視能力を持つことから。

□この人工眼球のセンサーはヒトの目に似た光受容体としての機能も果たし、加えて暗い中でも視覚情報を伝達することが可能であることから、理論的にはヒトの目以上の「視力」を持つとされている。同研究を率いる香港科技大学のファン・ジヨン氏は、将来的には視覚障害者に対応した義眼の開発やヒト型ロボットへの搭載など、用途の可能性を探っていきたいと述べている。

NEWS 03　ナチュラル音声［1回目］Track 08　ゆっくり音声［ポーズなし］Track 10　ナチュラル音声［2回目］Track 65

アメリカ英語です。まずは、ナチュラル音声を聞いて内容を推測しましょう。
次に、ページをめくって、ゆっくり音声（ポーズ入り）に進みましょう。

Bezos Launches Climate Fund

Jeff Bezos is pledging to help fight climate change in a substantial way—in a very substantial way, in fact. The Amazon CEO is committing $10 billion to combat what he calls "the biggest threat to our planet." Bezos made the announcement Monday on Instagram. He says his initiative, called the Bezos Earth Fund, will start giving out grants this summer.

Aired on February 19, 2020

TOEIC-style Questions

内容を正しく把握できたか、TOEIC® L&Rテスト Part 4 形式の問題で確かめましょう。［正解は次ページ］

1. How much money was promised for the Bezos Earth Fund?

(A) $1 million
(B) $10 million
(C) $20 million
(D) $10 billion

2. According to Bezos, what is the biggest threat the earth is facing?

(A) Climate change
(B) Disease
(C) Poverty
(D) War

世界トップの資産を持つベゾス氏をはじめ、
多くの富豪の気候変動への取り組みが求められています。

アマゾンCEOが
気候変動対策に超巨額の支援

American

ジェフ・ベゾス氏は、気候変動への取り組みを中味の伴った形で支援すると公的に約束しています——実際、中味がたっぷり伴った形です。このアマゾンのCEO（最高経営責任者）は、彼が言うところの「地球にとって最大の脅威」に対抗するために、100億ドルを投入する予定です。ベゾス氏は月曜日に、インスタグラムでの投稿でそのことを発表しました。彼は、自身の「ベゾス・アース・ファンド」と呼ばれる新構想により、今年の夏に助成金の支給が開始されると述べています。

（2020年6月号掲載）（訳　石黒円理）

重要ボキャブラリー

□ pledge to do [plédʒ]	～すると誓う、公的に約束する
□ substantial [səbstǽnʃəl]	実体のある、中味の伴った
□ combat [kʌ́mbæt]	～と闘う、～に対抗する
□ initiative [iníʃiətiv]	新構想、新たな取り組み
□ grant [grǽnt]	助成金、補助金

TOEIC-style Questionsの答え

1. (D)

2. (A)

設問の語注

promise	～を約束する
according to	～によると
disease	病気、疾病
poverty	貧乏、貧困

区切り聞き／シャドーイング

ゆっくり音声［ポーズ入り］ Track 09

ゆっくり音声の適切な個所にポーズ（無言の間）が入れてあります。区切り聞きしてみましょう。
また、ポーズのところで、直前に聞き取った英語を自分で声に出すシャドーイング練習をしてみましょう。
自信がついたら、ポーズなしのゆっくり音声で、さらにはナチュラル音声でも練習してみてください。

Jeff Bezos is pledging/
to help fight climate change/
in a substantial way—/
in a very substantial way, in fact.//

The Amazon CEO is committing $10 billion/
to combat what he calls "the biggest threat to our planet."//

Bezos made the announcement Monday on Instagram.//
He says/
his initiative, called the Bezos Earth Fund,/
will start giving out grants this summer.//

語注

launch:
《タイトル》（事業などを）始める、立ち上げる

fund:
《タイトル》基金

pledge to do:
～すると誓う、公的に約束する

climate change:
気候変動

substantial:
実体のある、中味の伴った

commit:
（資金などを）投入する、つぎ込む

billion:
10億

combat:
～と闘う、～に対抗する

threat to:
～にとっての脅威

our planet:
＝the Earth　地球

make an announcement:
発表する、公表する

initiative:
新構想、新たな取り組み

give out:
～を配る、支給する

grant:
助成金、補助金

ポーズのところで区切った日本語訳です。区切り聞きした英語の意味を確認するほか、日本語を見て区切られた部分ごとに英語に言い換える「反訳」の練習(日→英サイトトランスレーション)をすれば発信型の英語力がアップします。

ジェフ・ベゾス氏は公的に約束している/
気候変動との闘いを支援すると/
中味の伴った形で—— /
実際、非常に中味の伴った形だ。//

このアマゾンのCEO(最高経営責任者)は100億ドルを投入する予定だ/
彼が言うところの「地球にとって最大の脅威」に対抗するために。//

ベゾス氏は月曜日にインスタグラムでその発表をした。//
彼は述べている/
「ベゾス・アース・ファンド」という彼の新構想が/
今年の夏に助成金の支給を開始すると。//

ワンポイント解説

□6行目のwhat以下は、call A B(AをBと呼ぶ)のBを関係代名詞whatに置き換えた形だが、what he callsを「彼が言うところの」という挿入句と考えるとわかりやすい。

□9行目はhis initiative, (which is) called... と考えるとよい。

□アマゾンCEOで世界一の資産家であるジェフ・ベゾス氏は、2020年2月17日、自身のインスタグラムで気候変動と闘うために100億ドルを投入することを発表した。「ベゾス・アース・ファンド」を立ち上げ、基金による助成金支給に関係すると見られる新会社を同年7月に設立した。一方、彼は石油・ガス会社との提携や地球温暖化を否定するシンクタンクへの支援など、正反対に見える行動もしている。

NEWS 04 | ナチュラル音声［1回目］ Track 11 | ゆっくり音声［ポーズなし］ Track 13 | ナチュラル音声［2回目］ Track 66

アメリカ英語です。まずは、ナチュラル音声を聞いて内容を推測しましょう。
次に、ページをめくって、ゆっくり音声（ポーズ入り）に進みましょう。

Study of Cuttlefish Vision

If you've ever thought, "What would a cuttlefish do if you glued 3-D glasses on it and then played 3-D movies of its favorite prey?" you were thinking like researchers at the University of Minnesota. They used temporary glue and Velcro to study cuttlefish vision. And the animals went after the screen like critics go after popcorn. Researchers say cuttlefish have better depth perception than people do.

Aired on January 10, 2020

TOEIC-style Questions

内容を正しく把握できたか、TOEIC® L&Rテスト Part 4形式の問題で確かめましょう。［正解は次ページ］

1. What did the researchers show to the cuttlefish?

(A) Images of the cuttlefish's favorite food
(B) Animals wearing 3-D glasses
(C) Popcorn
(D) Movies of ocean predators

2. What do researchers say about cuttlefish?

(A) They have poor vision.
(B) They have good depth perception.
(C) They see better in deep water than in shallow water.
(D) They like popcorn.

世にも奇妙な
コウイカの3Dメガネ姿。

イカが3Dメガネをかけたら、どうなる!?

American

もし、「3Dメガネを装着させて、大好物の獲物が映った3D映画を再生したら、コウイカはどうするだろう？」と考えたことがあるとしたら、あなたはミネソタ大学の研究チームと同じように考えていたことになります。彼らは一時接着剤とマジックテープを使って（3Dメガネを装着させ）コウイカの視覚を研究しました。すると、コウイカたちは映画評論家がポップコーンにがっつくように、画面に映った獲物を追いかけたのです。研究チームによれば、コウイカは人間より優れた奥行き知覚を持っているのだそうです。

（2020年7月号掲載）（訳　石黒円理））

重要ボキャブラリー

□ **cuttlefish** [kʌ́təlfìʃ]	《タイトル》コウイカ
□ **glue** [glu:]	～を接着剤で付ける
□ **prey** [préi]	獲物、餌食
□ **temporary glue** [témpərèri]	仮止め用のり、一時接着剤
□ **depth perception** [dépθ pərsépʃən]	奥行き知覚

TOEIC-style Questionsの答え

1. (A)

2. (B)

設問の語注

image	画像
predator	捕食動物、捕食者
deep water	深海、深水域
shallow water	浅瀬、浅水域

区切り聞き／シャドーイング

ゆっくり音声［ポーズ入り］ Track 12

ゆっくり音声の適切な個所にポーズ(無言の間)が入れてあります。区切り聞きしてみましょう。
また、ポーズのところで、直前に聞き取った英語を自分で声に出すシャドーイング練習をしてみましょう。
自信がついたら、ポーズなしのゆっくり音声で、さらにはナチュラル音声でも練習してみてください。

If you've ever thought,/
"What would a cuttlefish do/
if you glued 3-D glasses on it/
and then played 3-D movies of its favorite prey?"/
you were thinking like researchers at the University of Minnesota.//

They used temporary glue and Velcro/
to study cuttlefish vision.//

And the animals went after the screen/
like critics go after popcorn.//

Researchers say/
cuttlefish have better depth perception than people do.//

語注

cuttlefish:
《タイトル》コウイカ

vision:
《タイトル》視覚、視力

glue:
〜を接着剤で付ける

3-D glasses:
＝three-dimensional glasses　3Dメガネ

favorite:
大好きな、お気に入りの

prey:
獲物、餌食

researcher:
研究者

temporary glue:
仮止め用のり、一時接着剤

Velcro:
面ファスナー、マジックテープ　▶Velcroはベルクロ社の商標だが、マジックテープを指す一般名詞としても使われている。なお、マジックテープという語も別の会社の商標に由来する。

go after:
〜を追い求める

critic:
批評家、評論家

depth perception:
奥行き知覚　▶観察する対象までの方向や距離感を把握する感覚のこと。

[反訳]日→英サイトトランスレーション

ポーズのところで区切った日本語訳です。区切り聞きした英語の意味を確認するほか、日本語を見て区切られた部分ごとに英語に言い換える「反訳」の練習(日→英サイトトランスレーション)をすれば発信型の英語力がアップします。

もしあなたがこのように考えたことがあるなら/
「コウイカはどうするだろうか/
もしそれに3Dメガネを接着したら/
そして大好物の獲物が映った3D映画を再生したら」/
あなたはミネソタ大学の研究者たちと同じように考えていたことになる。//

彼らは一時接着剤とマジックテープを使った/
コウイカの視覚を研究するために。//

すると、この動物たちは画面(に映った獲物)を追いかけた/
(映画の)評論家がポップコーンに手を伸ばすように。//

研究者たちによれば/
コウイカは人間より優れた奥行き知覚を持っているそうだ。//

ワンポイント解説

□8～9行目は、コウイカが画面に映る獲物を追って飛びつく様子を、映画評論家たちが映画スクリーンを見ながら手元にあるポップコーンにがっつく姿に例えている。And the animals went after the prey on the screen... と考えるとよい。the animals は cuttlefish の言い換え。

□最下行の do は have の言い換え。

□ミネソタ大学の研究チームは、コウイカを対象に、獲物などを捕獲する際に立体視を行っているのかを調べた。結果、コウイカは人間と同じように奥行き知覚があり、3D 映像などを立体視できることが確認された。ヒトの脳には視覚情報を認識する後頭葉があるが、コウイカには後頭葉の代わりに、左右の目からの視覚情報を比較し、その差異を処理する部分が、脳のどこかに存在する可能性が大きいことがわかった。

NEWS 05 ナチュラル音声［1回目］ Track 14 ゆっくり音声［ポーズなし］ Track 16 ナチュラル音声［2回目］ Track 67

アメリカ英語です。まずは、ナチュラル音声を聞いて内容を推測しましょう。
次に、ページをめくって、ゆっくり音声（ポーズ入り）に進みましょう。

MLB Team Caught Cheating

The Astros are being penalized for cheating in the 2017 season. The team's manager and general manager have been fired. The team's been fined $5 million, and it's lost its first- and second-round draft selections for the next two seasons. Why? A Major League Baseball investigation found that the Astros used a camera to steal the signs of the teams they played. Sign stealing is as old as baseball itself, but Major League rules say you can't use electronic devices to do it.

Aired on January 15, 2020

TOEIC-style Questions

内容を正しく把握できたか、TOEIC® L&Rテスト Part 4形式の問題で確かめましょう。［正解は次ページ］

1. Why were the Astros penalized?

(A) They stole a valuable old baseball.

(B) They stole secret documents from their opponents.

(C) They cheated in draft selections.

(D) They used a banned device to steal signs.

2. How were the Astros penalized?

(A) Their manager was fired.

(B) They were made to pay millions of dollars.

(C) They lost some rights in selecting new players.

(D) All of the above

メジャーリーグのアストロズは
機構からペナルティーを科されました。

メジャーリーグで
禁断の「サイン盗み」が発覚

アストロズは2017年のシーズン中に不正を行ったとして処罰されています。同チームの監督とゼネラルマネジャーは解雇されました。チームは罰金500万ドルを科され、今後2シーズンにわたってドラフト1巡目、2巡目の指名権を失いました。なぜでしょうか。メジャーリーグ機構の調査で、アストロズがカメラを使用して対戦相手のサインを盗んだことが明らかになったのです。サイン盗みは野球そのものの歴史と同じくらい古いのですが、メジャーリーグのルールではサイン盗みのために電子機器を用いてはならないとされています。

（2020年7月号掲載）（訳　編集部）

重要ボキャブラリー

□ **cheat** [tʃíːt]	《タイトル》不正を行う、カンニングする
□ **penalize A for B** [píːnəlàiz]	BのことでAを罰する、処罰する
□ **draft selection** [drǽft]	ドラフト会議での選択、指名
□ **investigation** [invèstəgéiʃən]	調査、捜査
□ **steal** [stíːl]	～を盗む、盗み見る

TOEIC-style Questionsの答え

1. (D)

2. (D)

設問の語注

valuable	価値ある、高価な
opponent	対戦相手、敵
banned	禁止された
the above	上記のもの

写真：Salmaboskey/Wikimedia Commons

区切り聞き／シャドーイング

ゆっくり音声［ポーズ入り］ Track 15

ゆっくり音声の適切な個所にポーズ（無言の間）が入れてあります。区切り聞きしてみましょう。
また、ポーズのところで、直前に聞き取った英語を自分で声に出すシャドーイング練習をしてみましょう。
自信がついたら、ポーズなしのゆっくり音声で、さらにはナチュラル音声でも練習してみてください。

The Astros are being penalized/
for cheating in the 2017 season.//

The team's manager and general manager have been fired.//
The team's been fined $5 million,/
and it's lost its first- and second-round draft selections/
for the next two seasons.//

Why?//
A Major League Baseball investigation found/
that the Astros used a camera/
to steal the signs of the teams they played.//

Sign stealing is as old as baseball itself,/
but Major League rules say/
you can't use electronic devices to do it.//

語注

MLB:
《タイトル》＝Major League Baseball　メジャーリーグ、大リーグ
catch...doing:
《タイトル》…が～しているところを見つける、～している現場を押さえる
cheat:
《タイトル》不正を行う、カンニングする
penalize A for B:
BのことでAを罰する、処罰する
manager:
監督
general manager:
ゼネラルマネジャー
fire:
～を解雇する
fine A B:
AにB（金額）の罰金を科す
...-round:
…巡目の、…回目の
draft selection:
ドラフト会議での選択、指名
investigation:
調査、捜査
steal:
～を盗む、盗み見る
electronic device:
電子機器

ポーズのところで区切った日本語訳です。区切り聞きした英語の意味を確認するほか、
日本語を見て区切られた部分ごとに英語に言い換える「反訳」の練習(日→英サイトトランスレーション)をすれば発信型の英語力がアップします。

アストロズは処罰されている/
2017年のシーズン中に不正を行ったとして。//

同チームの監督とゼネラルマネジャーは解雇された。//
チームは罰金500万ドルを科され/
ドラフト1巡目、2巡目の指名権を失う/
今後2シーズンにわたって。//

なぜか。//
メジャーリーグ機構の調査で明らかになったのである/
アストロズがカメラを使用したことが/
対戦相手のサインを盗むのに。//

サイン盗みは野球そのものの歴史と同じくらい古い/
だが、メジャーリーグのルールでは/
サイン盗みをするのに電子機器を用いてはならない。//

ワンポイント解説

□1行目のAstrosの正式名称はHouston Astrosで、テキサス州ヒューストンを本拠地とするチーム。

□10行目のthey playedの前にはthe teamsを先行詞とする目的格の関係代名詞which/thatが省略されている。

□メジャーリーグでは、通常、捕手がサインを出してから投手が投球するまでには数秒の間隔しかない。アストロズが打席に入っている打者に盗んだサインを伝えていた方法とは、まずセンター側の客席にカメラを設置し、ベンチ裏のモニターでそれをチェック。球種に応じてごみ箱をたたくなどして選手への合図としていたという(たとえば、チェンジアップならごみ箱を2回たたくなど)。

アメリカ英語です。まずは、ナチュラル音声を聞いて内容を推測しましょう。
次に、ページをめくって、ゆっくり音声（ポーズ入り）に進みましょう。

Anderson Cooper Becomes a Dad

On Monday, I became a father. This is Wyatt Cooper. As a gay kid, I never thought it would be possible to have a child, and I'm so grateful for all those who paved the way and everyone involved in my son's birth. Most of all, I am eternally grateful to a remarkable surrogate who carried Wyatt, watched over him lovingly, tenderly, and gave birth to him. It's an extraordinary blessing which she and all surrogates give to families who can't have children.

Aired on May 1, 2020

TOEIC-style Questions

内容を正しく把握できたか、TOEIC® L&Rテスト Part 4形式の問題で確かめましょう。［正解は次ページ］

1. Why did Cooper previously think he would not be able to have a child?

(A) Because he thought he would always be too poor

(B) Because he never planned to get married

(C) Because he is gay

(D) Because he was medically unable to father a child

2. Who gave birth to Cooper's child?

(A) A surrogate

(B) His partner

(C) His wife

(D) The information is not provided.

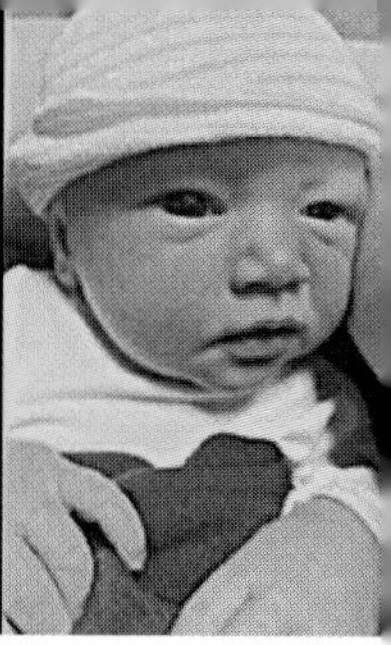

ゲイだと公表済みのアンダーソン・クーパーが
男の子のパパになりました！

CNNの看板アンカー、ゲイであってもパパになる！

月曜日、私は父になりました。これが（息子の）ワイアット・クーパーです。若いときから自分がゲイだと自覚していた私は、子どもを持つことができるなんて思ってもみませんでしたから、道を切り開いてくれたすべての人たちに、そして息子の誕生に携わった人みんなにとても感謝しています。何より、ワイアットを身ごもり、愛情を持って優しく見守り、彼を産んでくれた素晴らしい代理母に生涯感謝し続けます。それは、彼女をはじめとした代理母のみなさんが子どもを持つことのできない家族に与えてくれる素晴らしい恵みです。

（2020年8月号掲載）（訳　編集部）

重要ボキャブラリー

□ **pave the way** [péiv]	道を切り開く
□ **surrogate** [sə́ːrəgèit ｜ sʌ́r-]	＝surrogate mother　代理母
□ **lovingly** [lʌ́viŋli]	愛情を込めて、優しく
□ **tenderly** [téndərli]	優しく、そっと
blessing [blésiŋ]	ありがたいこと、恵み

TOEIC-style Questionsの答え

1.（C）

2.（A）

設問の語注

previously	以前に
get married	結婚する
medically	医学的に
father	～の父親になる
provide	～を提供する、与える

区切り聞き／シャドーイング

ゆっくり音声［ポーズ入り］ Track 18

ゆっくり音声の適切な個所にポーズ（無言の間）が入れてあります。区切り聞きしてみましょう。
また、ポーズのところで、直前に聞き取った英語を自分で声に出すシャドーイング練習をしてみましょう。
自信がついたら、ポーズなしのゆっくり音声で、さらにはナチュラル音声でも練習してみてください。

On Monday, I became a father.//
This is Wyatt Cooper.//

As a gay kid,/
I never thought it would be possible to have a child,/
and I'm so grateful/
for all those who paved the way/
and everyone involved in my son's birth.//

Most of all, I am eternally grateful to a remarkable surrogate/
who carried Wyatt,/
watched over him lovingly, tenderly,/
and gave birth to him.//

It's an extraordinary blessing/
which she and all surrogates give to families who can't have children.//

語注

gay:
同性愛者の、ゲイの
be grateful for:
～をありがたく思う、～に感謝している
pave the way:
道を切り開く
(be) involved in:
～にかかわっている
most of all:
何より、とりわけ
eternally:
永遠に、ずっと
remarkable:
非凡な、素晴らしい
surrogate:
＝surrogate mother 代理母
carry:
～を身ごもる、妊娠する
watch over:
～を見守る、～の世話をする
lovingly:
愛情を込めて、優しく
tenderly:
優しく、そっと
give birth to:
～を産む、出産する
extraordinary:
並外れた、素晴らしい
blessing:
ありがたいこと、恵み

[反訳]日→英サイトトランスレーション

ポーズのところで区切った日本語訳です。区切り聞きした英語の意味を確認するほか、日本語を見て区切られた部分ごとに英語に言い換える「反訳」の練習(日→英サイトトランスレーション)をすれば発信型の英語力がアップします。

月曜日、私は父になった。//
これが(息子の)ワイアット・クーパーだ。//

若いときからゲイだと自覚していたので/
私は子どもを持つことができるなんて思ってもみなかった/
そして私はとても感謝している/
道を切り開いてくれたすべての人たちに/
そして息子の誕生に携わった人みんなに。//

何より、私は素晴らしい代理母に生涯感謝し続ける/
その代理母がワイアットを身ごもり/
彼を愛情を持って優しく見守り/
彼を産んでくれたのだ。//

それは素晴らしい恵みだ/
その恵みを彼女やすべての代理母が子どもを持てない家族に与えている。//

ワンポイント解説

□ 3 行目の As a gay kid は、自分がゲイであることを子どもの頃から自覚していたことを含意している。

□ 5 行目の grateful は次に前置詞 for を従えているが、感謝の対象が人である場合は、8 行目のように to を従えるのが一般的。

□アンダーソン・クーパーはCNNの看板番組「アンダーソン・クーパー 360°」のホストであり、米国のジャーナリズム界において名実ともにトップクラスの記者。ゲイであることを公表している著名人のひとりでもある。男児誕生の報告を自ら行いながら、クールさをトレードマークにする彼には珍しく、感極まって言葉に詰まる場面もあった。

News 07 ナチュラル音声［1回目］ Track 20 ゆっくり音声［ポーズなし］ Track 22 ナチュラル音声［2回目］ Track 69

アメリカ英語です。まずは、ナチュラル音声を聞いて内容を推測しましょう。
次に、ページをめくって、ゆっくり音声（ポーズ入り）に進みましょう。

Trials for Coronavirus Detection Dogs

Could dogs sniff out coronavirus? Trials are set to begin in London to find out whether dogs can detect the coronavirus in people even before symptoms appear. The trials will look at six dogs, dubbed the Super Six, a mix of Labradors and cocker spaniels. The researchers say respiratory diseases are known to change body odor in humans and there's been success training dogs to detect the odor[s] of other diseases, including malaria, cancer and Parkinson's disease.

Aired on May 17, 2020

TOEIC-style Questions

内容を正しく把握できたか、TOEIC® L&Rテスト Part 4形式の問題で確かめましょう。［正解は次ページ］

1. According to the researchers, which of the following diseases have dogs already been trained to detect?

(A) Influenza
(B) Coronavirus
(C) Parkinson's disease
(D) All of the above

2. Who or what are the Super Six?

(A) A group of dogs
(B) Types of body odor that are symptoms of disease
(C) A group of researchers
(D) The most dangerous respiratory diseases

犬の鼻には、
3億個も嗅覚受容体があるそうです。

犬は得意の嗅覚で
コロナウイルスを探知できる!?

American

犬はコロナウイルスを嗅ぎつけられるでしょうか。ロンドンで実験が始まる予定ですが、犬がヒトの新型コロナウイルスを症状が出る前の段階でも探知できるかどうかを調べます。実験では、「スーパーシックス」と呼ばれる、ラブラドールとコッカースパニエルから成る6匹の犬を調べることになっています。研究者たちによれば、呼吸器疾患はヒトの体臭を変えることが知られており、マラリアやがん、パーキンソン病などの他の病気のにおいを探知するよう犬を訓練するのにはすでに成功事例があるそうです。

(2020年9月号掲載)(訳　編集部)

重要ボキャブラリー

□	**sniff out** [sníf]	～を嗅ぎつける、においで探り出す
□	**detect** [ditékt]	～を見つける、探知する
□	**symptom** [símtəm]	症状、症候
□	**respiratory** [réspərətɔ̀:ri | réspirətri]	呼吸性の、呼吸器官の
□	**body odor** [bádi òudə*r* | bɔ́di-]	体臭

TOEIC-style Questionsの答え

1. (C)

2. (A)

設問の語注

according to	～によると
following	次の、以下の
influenza	インフルエンザ
the above	上記のもの

区切り聞き／シャドーイング

ゆっくり音声［ポーズ入り］ Track 21

ゆっくり音声の適切な個所にポーズ(無言の間)が入れてあります。区切り聞きしてみましょう。
また、ポーズのところで、直前に聞き取った英語を自分で声に出すシャドーイング練習をしてみましょう。
自信がついたら、ポーズなしのゆっくり音声で、さらにはナチュラル音声でも練習してみてください。

Could dogs sniff out coronavirus?//
Trials are set to begin in London/
to find out whether dogs can detect the coronavirus in people/
even before symptoms appear.//

The trials will look at six dogs,/
dubbed the Super Six,/
a mix of Labradors and cocker spaniels.//

The researchers say/
respiratory diseases are known to change body odor in humans/
and there's been success/
training dogs to detect the odor[s] of other diseases,/
including malaria, cancer and Parkinson's disease.//

語注

trial:
《タイトル》試験、実験
detection dog:
《タイトル》探知犬
sniff out:
～を嗅ぎつける、においで探り出す
be set to do:
～することになっている
detect:
～を見つける、探知する
symptom:
症状、症候
dub A B:
AをBと呼ぶ、名づける
Labrador:
ラブラドール
cocker spaniel:
コッカースパニエル
respiratory:
呼吸性の、呼吸器官の
desease:
病気、疾患
body odor:
体臭
train:
～を訓練する、しつける
malaria:
マラリア
cancer:
がん
Parkinson's disease:
パーキンソン病

［反訳］日→英サイトトランスレーション

ポーズのところで区切った日本語訳です。区切り聞きした英語の意味を確認するほか、日本語を見て区切られた部分ごとに英語に言い換える「反訳」の練習（日→英サイトトランスレーション）をすれば発信型の英語力がアップします。

犬はコロナウイルスを嗅ぎつけられるだろうか。//
ロンドンで実験が始まることになっている/
犬がヒトの新型コロナウイルスを探知できるかどうかを調べる/
症状が出る前の段階でも。//

実験では6匹の犬を調べることになっている/
それらは「スーパーシックス」と呼ばれ/
ラブラドールとコッカースパニエルから成る。//

研究者たちによれば/
呼吸器疾患は、ヒトの場合、体臭を変えることが知られており/
すでに成功事例があるそうだ/
他の病気のにおいを探知するよう犬を訓練するのに/
そこにはマラリアやがん、パーキンソン病などが含まれている。//

ワンポイント解説

□7行目のa mix of Labradors and cocker spanielsは、直前のsix dogsおよびthe Super Sixの内容を説明する「同格」の名詞句。

□10～11行目のsuccess training dogsは、success in training dogs（犬を訓練するということにおいては）という意味。この場合のinはあってもなくてもよい。

□同種の研究は、現在、世界各国で行われている。中でもドイツのハノーバー獣医科大学の研究チームは、2020年7月に、「犬が新型コロナウイルスの感染者を94%の精度で探知した」と発表して注目された。一方、フィンランドのヘルシンキ空港では、2020年9月に、新型コロナウイルス探知犬の出動が始まっている。各種現場への探知犬の投入が、これから増えていくと思われる。

アメリカ英語です。まずは、ナチュラル音声を聞いて内容を推測しましょう。
次に、ページをめくって、ゆっくり音声（ポーズ入り）に進みましょう。

SpaceX Launches Astronauts

Beautiful sight there at Cape Canaveral. America's long outer-space drought ended when SpaceX's Falcon 9 rocket soared into orbit on Saturday. It launched two astronauts on their way to the International Space Station. This is the first time since the Shuttle program ended nine years ago that an American spacecraft has sent US astronauts into space from US soil.

Aired on May 31, 2020

TOEIC-style Questions

内容を正しく把握できたか、TOEIC® L&Rテスト Part 4形式の問題で確かめましょう。［正解は次ページ］

1. What was special about this space flight?

(A) It was the first to use the Falcon 9 rocket.

(B) It was the first from the US by US astronauts for almost a decade.

(C) It represented the end of the Shuttle program.

(D) It ended SpaceX's long drought of space flights.

2. What destination did the astronauts use the Falcon 9 to get to?

(A) Cape Canaveral

(B) US soil

(C) SpaceX

(D) The International Space Station

スペースX社の「ファルコン9」が
ケネディ宇宙センターから打ち上げられました。

9年ぶり！
米国が有人宇宙飛行に成功

American

ケープ・カナベラルでの美しい光景です。長らく続いていたアメリカの宇宙ひでりが終わったのです、土曜日にスペースX社のロケット「ファルコン9」が軌道上へと飛び立ったことで。このロケットは国際宇宙ステーションへ向けて2人の宇宙飛行士を打ち上げました。アメリカ製の宇宙船が米国領土内から米国の宇宙飛行士を宇宙に送り込むのは、9年前に「シャトル計画」が終わって以来初めてのことです。

（2020年10月号掲載）（訳　編集部）

重要ボキャブラリー

□ **astronaut** [ǽstrənɔ̀t ｜ -nɔ̀ːt]	《タイトル》宇宙飛行士
□ **outer-space** [àut*ər* spéis]	大気圏外の、宇宙空間の
□ **drought** [draut]	長期間の欠乏、ひでり
□ **soar** [sɔ́ːr ｜ sɔ́ː]	飛翔する、舞い上がる
□ **spacecraft** [spéiskræ̀ft]	宇宙船、宇宙探査機

TOEIC-style Questionsの答え

1. (B)

2. (D)

設問の語注

space flight	宇宙飛行
decade	10年間
represent	～を象徴する、意味する
destination	目的地、行き先

写真：Daniel Oberhaus/Flickr

区切り聞き／シャドーイング

ゆっくり音声［ポーズ入り］ Track 24

ゆっくり音声の適切な個所にポーズ（無言の間）が入れてあります。区切り聞きしてみましょう。
また、ポーズのところで、直前に聞き取った英語を自分で声に出すシャドーイング練習をしてみましょう。
自信がついたら、ポーズなしのゆっくり音声で、さらにはナチュラル音声でも練習してみてください。

Beautiful sight there at Cape Canaveral.//

America's long outer-space drought ended/
when SpaceX's Falcon 9 rocket soared into orbit/
on Saturday.//

It launched two astronauts/
on their way to the International Space Station.//

This is the first time since the Shuttle program ended nine years ago/
that an American spacecraft has sent US astronauts into space
from US soil.//

語注

launch:
《タイトル》～を打ち上げる、発射する
astronaut:
《タイトル》宇宙飛行士
sight:
景色、眺め

Cape Canaveral:
ケープ・カナベラル
▶フロリダ州の岬で、ケープ・カナベラル宇宙基地やケネディ宇宙センターがある。
outer-space:
大気圏外の、宇宙空間の

drought:
長期間の欠乏、ひでり
soar:
飛翔する、舞い上がる
orbit:
（衛星などの）軌道
the International Space Station:
国際宇宙ステーション

the (Space) Shuttle program:
スペースシャトル計画
spacecraft:
宇宙船、宇宙探査機
send A into B:
AをBに送り込む
soil:
土地、国土

ポーズのところで区切った日本語訳です。区切り聞きした英語の意味を確認するほか、
日本語を見て区切られた部分ごとに英語に言い換える「反訳」の練習(日→英サイトトランスレーション)をすれば発信型の英語力がアップします。

ケープ・カナベラルでの美しい光景だ。/

アメリカで長らく続いていた宇宙ひでりが終わった/
スペースX社のロケット「ファルコン9」が軌道上へと飛び立ったことで/
土曜日に。//

そのロケットは2人の宇宙飛行士を打ち上げた/
国際宇宙ステーションへ向けて。//

これは9年前に「シャトル計画」が終わって以来初めてのことだ/
アメリカ製の宇宙船が米国の国土から米国の宇宙飛行士を宇宙に送り込むのは。

ワンポイント解説

□冒頭のBeautiful sight... は不完全文で、(It was a) beautiful sight... ということ。

□2行目のdrought は元々「日照り、干ばつ」の意味だが、日本語の「ひでり」と同様、「あってほしいものが長期的にない状態」という比喩的意味にも使われる。

□2020年5月30日、米国の有人宇宙船「クルードラゴン」を積んだロケット「ファルコン9」が、ケープ・カナベラルのケネディ宇宙センターから打ち上げられた。2011年に「シャトル計画」が終了して以来、米国は国際宇宙ステーションへの往復にもロシアの宇宙船に頼っていたが、スペースX社など民間企業の力を利用して復活した。2020年10月31日に打ち上げ予定の次の宇宙船には日本人の野口聡一さんが搭乗する。

アメリカ英語です。まずは、ナチュラル音声を聞いて内容を推測しましょう。
次に、ページをめくって、ゆっくり音声（ポーズ入り）に進みましょう。

World's Oldest YouTube Gamer

Hamako Mori holds the Guinness World Record for being the oldest YouTube gamer. She's known as Gamer Grandma to more than a quarter million subscribers. Back in the day when she started playing—and by that we mean 1981—she says, she was surrounded by kids who played games, and thought they shouldn't be having all the fun. The Japanese nonagenarian started with a Cassette Vision console and never looked back.

Aired on May 20, 2020

TOEIC-style Questions

内容を正しく把握できたか、TOEIC® L&Rテスト Part 4 形式の問題で確かめましょう。［正解は次ページ］

1. What is the basis of Mori's record-holding status?
   (A) She has been gaming for longer than anyone else.
   (B) She has more subscribers than any other gamer.
   (C) She is older than all other gamers.
   (D) All of the above

2. Why did Mori start gaming?
   (A) She wanted to share in the enjoyment.
   (B) She wanted to set a record.
   (C) Young gamers encouraged her to start.
   (D) She got a job making game consoles.

いまや90代になる森さんは
「ゲーマーおばあちゃん」として世界的に有名です。

世界最高齢で人気の日本人YouTubeゲーマー

American

森浜子さんは最高齢のYouTubeゲーマーとしてギネス世界記録を持っています。彼女は、(自分のYouTubeチャンネルの) 25万人以上の登録者に、「ゲーマーおばあちゃん《グランマ》」の名で知られています。彼女がゲームをやり始めた当初――それは、すなわち1981年のことですが――彼女によれば、周りの子どもたちがみんなゲームをやっていたので、彼らに楽しみを独り占めさせてはいけないと思ったのだそうです。この90代の日本人が初めて手にした家庭用ゲーム機は「カセットビジョン」でしたが、それ以来、彼女はとどまるところを知りませんでした。

(2020年10月号掲載)(訳　編集部)

重要ボキャブラリー

□ **Guinness World Record** [gínəs | gínis]	ギネス世界記録
□ **subscriber** [səbskráibər]	定期購読者、定期契約者
□ **be surrounded by** [səráundid]	～に取り囲まれている
□ **nonagenarian** [nɑ̀nədʒənέriən | nòunədʒənέriən]	90代の人
□ **console** [kənsóul]	＝video game console 家庭用ゲーム機

TOEIC-style Questionsの答え

1. (C)

2. (A)

設問の語注

basis	根拠、理由
share in	～に加わる、参加する
enjoyment	楽しいこと
encourage	～を勇気づける、励ます

区切り聞き／シャドーイング

ゆっくり音声［ポーズ入り］ Track 27

ゆっくり音声の適切な個所にポーズ（無言の間）が入れてあります。区切り聞きしてみましょう。
また、ポーズのところで、直前に聞き取った英語を自分で声に出すシャドーイング練習をしてみましょう。
自信がついたら、ポーズなしのゆっくり音声で、さらにはナチュラル音声でも練習してみてください。

Hamako Mori holds the Guinness World Record/
for being the oldest YouTube gamer.//

She’s known as Gamer Grandma/
to more than a quarter million subscribers.//

Back in the day when she started playing—/
and by that we mean 1981—/
she says,/
she was surrounded by kids who played games,/
and thought/
they shouldn’t be having all the fun.//

The Japanese nonagenarian started with a Cassette Vision console/
and never looked back.//

語注

gamer:
《タイトル》ゲーマー、ゲームオタク

hold:
〜を持っている、保持している

Guinness World Record:
ギネス世界記録

be known as A to B:
BにAとして知られている

a quarter million:
25万の

subscriber:
定期購読者、定期契約者 ▶ここではYouTubeチャンネルの登録者のこと。

back in the day when:
かつて〜した頃、〜した当時

be surrounded by:
〜に取り囲まれている

have all the fun:
楽しみを独り占めする

nonagenarian:
90代の人

console:
＝video game console
家庭用ゲーム機

never look back:
ずっと順調に進む、成功し続ける

[反訳]日→英サイトトランスレーション

ポーズのところで区切った日本語訳です。区切り聞きした英語の意味を確認するほか、日本語を見て区切られた部分ごとに英語に言い換える「反訳」の練習(日→英サイトトランスレーション)をすれば発信型の英語力がアップします。

森浜子さんはギネス世界記録を持っている/
最高齢のYouTubeゲーマーとして。//

彼女は「ゲーマーおばあちゃん《グランマ》」の名で知られている/
(自分のYouTubeチャンネルの)25万人以上の登録者に。//

彼女がゲームをやり始めた当初――/
それは、すなわち1981年のことだが――/
彼女によれば/
彼女はゲームをやる子どもたちに囲まれていた/
そして、こう思った/
彼らが楽しみを独り占めすべきではないと。//

この90代の日本人が初めて手にしたゲーム機は「カセットビジョン」で/
以来、とどまるところを知らなかった。//

ワンポイント解説

□11行目にnonagenarian(90代の人)という語が登場するが、他の年代はdenarian(10代の人)、vicenarian(20代の人)、tricenarian(30代の人)、quadragenarian(40代の人)、quinquagenarian(50代の人)、sexagenarian(60代の人)、septuagenarian(70代の人)、octogenarian(80代の人)、centenarian(100歳以上の人)となる。なお、同じ行のCassette Visionは1981年に発売されたエポック社の家庭用ゲーム機。

□1981年にゲームを始めた森浜子さんは、2014年にはYouTubeチャンネルを開設。ゲーム実況の動画などをアップして人気を博し、今では25万人ものチャンネル登録者を得ている。1930年生まれの彼女は、2019年11月に「最高齢のゲーム投稿ユーチューバー」としてギネス世界記録にも認定されている。水泳も得意で、1992年には全日本マスターズ水泳短水路大会で準優勝している。

NEWS 10 ナチュラル音声［1回目］ Track 29 ゆっくり音声［ポーズなし］ Track 31 ナチュラル音声［2回目］ Track 72

アメリカ英語です。まずは、ナチュラル音声を聞いて内容を推測しましょう。
次に、ページをめくって、ゆっくり音声（ポーズ入り）に進みましょう。

Seven Matches, Seven Masks, Seven Wins

It's been 25 years here at the US Open since a woman has dropped the first set in the women's singles final and come back to win it all. Naomi Osaka did just that. At the beginning of this year's US Open, she made a bold proclamation to the world. She had seven names on seven masks. Each was a victim whose death sparked outcries for social justice and racial equality; seven the number of matches it would take for her to reach the final, and she did just that. After the match, Naomi Osaka was asked what message she was trying to send. This was her response: "Well, 'What was the message that you got?' was more the question."

Aired on September 13, 2020

TOEIC-style Questions

内容を正しく把握できたか、TOEIC® L&RテストPart 4形式の問題で確かめましょう。［正解は次ページ］

1. Whose names were on Naomi Osaka's masks?

(A) Seven victims

(B) Her seven US Open opponents

(C) Seven US Open women's singles champions

(D) Seven people calling for social justice

2. Which sets did Naomi Osaka win in the three-set final match?

(A) The first and the second

(B) The first and the third

(C) The second and the third

(D) All the sets

大坂選手は試合ごとに、
異なる名前の書かれたマスクをして出場しました。

大坂なおみ、
決意のマスクで栄冠を手に！

American

この全米オープンという場において、女子シングルス決勝で第1セットを落とした選手が逆転勝利を演じてから、25年が経ちました。大坂なおみ選手はまさにそれをやってのけたのです。今年の全米オープンの開始時に、彼女は大胆な宣言を世界に向けて行いました。彼女は7人の名前が書かれた7枚のマスクを用意したのです。どれもが犠牲者の名前でしたが、彼らが亡くなるたびに社会正義や人種的平等を求める激しい声がわき起こりました。7というのは彼女が決勝進出を果たすのに必要な試合数でしたが、彼女はまさにそれをやってのけました。決勝戦の後、大坂なおみ選手は、彼女がどんなメッセージを送ろうとしていたのか尋ねられました。これが彼女の答えです。「そうですね、問題はむしろ『あなたが受け取ったメッセージはどんなものか』だったのです」

（未掲載）（訳　編集部）

重要ボキャブラリー

□ make a proclamation [prɑ̀kləméiʃən]	宣言する、声明を発表する
□ spark [spɑrk | spɑːk]	～の火付け役となる、～を引き起こす
□ outcry [áutkrài]	激しい抗議、叫び
□ social justice [dʒʌ́stis]	社会正義、社会的公正
□ racial equality [ikwɑ́ləti | ikwɔ́liti]	人種的平等

TOEIC-style Questionsの答え

1. (A)

2. (C)

設問の語注

opponent	対戦相手、敵
champion	優勝者、チャンピオン
call for	～を呼びかける、求める

区切り聞き／シャドーイング

ゆっくり音声［ポーズ入り］ Track 30

ゆっくり音声の適切な個所にポーズ（無言の間）が入れてあります。区切り聞きしてみましょう。
また、ポーズのところで、直前に聞き取った英語を自分で声に出すシャドーイング練習をしてみましょう。
自信がついたら、ポーズなしのゆっくり音声で、さらにはナチュラル音声でも練習してみてください。

It's been 25 years here at the US Open/
since a woman has dropped the first set in the women's singles final/
and come back to win it all.//
Naomi Osaka did just that.//

At the beginning of this year's US Open,/
she made a bold proclamation to the world.//
She had seven names on seven masks.//
Each was a victim/
whose death sparked outcries for social justice and racial equality;/
seven the number of matches it would take for her to reach the final,/
and she did just that.//

After the match,/
Naomi Osaka was asked what message she was trying to send.//
This was her response:/
"Well, 'What was the message that you got?' was more the question."//

語注

match:
《タイトル》試合

final:
決勝、決勝戦

drop a set:
セットを失う、落とす

come back to win:
盛り返して～に勝つ、～に逆転勝利する

at the beginning of:
～の初めに、開始時に

make a proclamation:
宣言する、声明を発表する

bold:
勇敢な、大胆な

victim:
犠牲者、被害者

spark:
～の火付け役となる、～を引き起こす

outcry:
激しい抗議、叫び

social justice:
社会正義、社会的公正

racial equality:
人種的平等

send a message:
メッセージを送る、伝える

response:
返答、回答

question:
問題点、論点

[反訳]日→英サイトトランスレーション

ポーズのところで区切った日本語訳です。区切り聞きした英語の意味を確認するほか、日本語を見て区切られた部分ごとに英語に言い換える「反訳」の練習(日→英サイトトランスレーション)をすれば発信型の英語力がアップします。

この全米オープンという場では25年が経つ/

女性が女子シングルス決勝で第1セットを落としてから/

そして逆転勝利をしてから。//

大坂なおみはまさにそれをやってのけたのだ。//

今年の全米オープンの開始時に/

彼女は大胆な宣言を世界に向けて行った。//

彼女は7人の名前を7枚のマスク上に示していた。//

それぞれが犠牲者だった/

その犠牲者の死が社会正義や人種的平等を求める激しい声をもたらした/

7というのは彼女が決勝進出を果たすのに必要な試合数だ/

そして彼女はまさにそれをやってのけた。//

その試合の後/

大坂なおみは、彼女がどんなメッセージを送ろうとしていたのか聞かれた。//

これが彼女の答えだ/

「そう、『受け取ったのはどんなメッセージか』が、もっと問題だった」//

ワンポイント解説

□ 10 行目は seven was the number of matches which/that it would take... と考えるとよい。すなわち、it would take that number of matches for her to reach the final という文の語順が入れ換わったものと考えられる。この it は形式主語で、意味上の主語は to reach the final。ちなみに、7 という数字は、実際には「決勝に至るまで」の試合数ではなく、「決勝戦を含めた」試合数。

□ハイチ系アメリカ人の血を引く大坂なおみ選手は、米国でわき起こった BLM（Black Lives Matter）運動への支持を表明。2020 年全米オープンに出場するに当たって 7 枚のマスクを用意していることを明らかにした。各マスクには BLM の象徴的な 7 人の犠牲者の名前が書かれていたが、その 7 枚という数字は、彼女が優勝に至るまでの試合数であり、必ず決勝にまで進むという決意の表明でもあった。そして、9 月 23 日、彼女は見事に栄冠を手にした。

NEWS 11 | ナチュラル音声［1回目］ Track 32 | ゆっくり音声［ポーズなし］ Track 34 | ナチュラル音声［2回目］ Track 73

イギリス英語（厳密には南アフリカ英語）です。まずは、ナチュラル音声を聞いて内容を推測しましょう。
次に、ページをめくって、ゆっくり音声（ポーズ入り）に進みましょう。

Woman Beats COVID-19 at Age 102

Out of Italy, an incredible story of determination to defeat this virus: a 102-year-old woman discharged from the hospital after recovering. Doctors say Italica Grondona is a symbol of hope for the elderly. She survived more than 20 days in the hospital and is now resting at home. The staff nicknamed her Highlander the Immortal for her strength and her endurance. Good for her.

Aired on March 29, 2020

リスニングのポイント

解説：南條健助（桃山学院大学国際教養学部准教授）

何らかの子音と［r］の音に挟まれた弱い母音は、しばしば消える。

3行目のrecovering

［リ**カ**ヴ（ァ）リン（グ）］

何らかの子音と［r］の音に挟まれた弱い母音は、しばしば消えます。ここでは、recoveringにおいて、［v］の音と［r］の音に挟まれた弱い母音（つづり字はe）が消えており、recov'ring［リ**カ**ヴリン（グ）］のように発音されています。ほかにも、bakeryがbak'ry［**ベ**イクリー］のように、beverageがbev'rage［**ベ**ヴレッヂ］のように、boundaryがbound'ry［**バ**ウンヂュリー］のように、operaがop'ra［**ア**ープラ］のように、preferableがpref'rable［プ**レ**フラボー］のように聞こえます。この現象が実際に起こるかどうかは、語によって、あるいは話し手や話し方などによって左右されます（早い発話やくだけた発話の方が起こりやすい）。また、よく用いられる語ほど起こりやすいため、たとえば、使用頻度が低いmammaryやsummeryでは起こりにくいのに対し、使用頻度が高いmemoryやsummaryでは起こりやすい（mem'ry［**メ**ムリー］、summ'ry［**サ**ムリー］のように聞こえる）と言われています。

新型コロナウイルス感染者数が急増した時期に
イタリアで起こった奇跡です。

イタリアの102歳、新型コロナに打ち勝つ

イタリアから、コロナウイルスに打ち勝とうという意志の強さについての驚くべき話があります。102歳の女性が回復し退院したのです。医師たちは、イタリカ・グロンドーナさんは高齢者にとって希望の象徴だと言っています。グロンドーナさんは病院で20日間以上の入院生活を生き延び、現在は自宅で休養しています。その強さと持久力から、病院のスタッフは彼女に「不死身の高地人《ハイランダー》」というあだ名を付けました。すごいですね。

（2020年7月号掲載）（訳　石黒円理）

重要ボキャブラリー

□ **determination** [ditə̀ːrmənéiʃən]	意志の強さ、決断力
□ **(be) dischargd from (the) hospital** [distʃáːrdʒd]	退院する
□ **recover** [rikʌ́vər]	正常に戻る、回復する
□ **immortal** [imɔ́ːrtəl]	不死身の人
□ **endurance** [indjúərəns]	持久力、持続力

ニュースのミニ知識

新型コロナウイルス感染症は高齢者の重症化リスクが高く、イタリアではウイルス感染による死者の平均年齢が78歳（2020年3月時点）と高齢者層が大半を占める中、グロンドーナさんはそれをはるかに上回る年齢でウイルスを克服した珍しい事例。グロンドーナさんは2020年3月初めに、軽度の心臓疾患で入院していたところ、新型コロナの症状が見られたため検査を行い、陽性と判明。その後、20日間以上の入院期間を経て、月末に無事退院した。

区切り聞き／シャドーイング

ゆっくり音声［ポーズ入り］ Track 33

ゆっくり音声の適切な個所にポーズ（無言の間）が入れてあります。区切り聞きしてみましょう。
また、ポーズのところで、直前に聞き取った英語を自分で声に出すシャドーイング練習をしてみましょう。
自信がついたら、ポーズなしのゆっくり音声で、さらにはナチュラル音声でも練習してみてください。

Out of Italy,/
an incredible story of determination/
to defeat this virus:/
a 102-year-old woman discharged from the hospital/
after recovering.//

Doctors say/
Italica Grondona is a symbol of hope for the elderly.//
She survived more than 20 days in the hospital/
and is now resting at home.//

The staff nicknamed her Highlander the Immortal/
for her strength and her endurance.//
Good for her.//

語注

beat:
《タイトル》～を打ち負かす
COVID-19:
《タイトル》＝coronavirus disease 2019　新型コロナウイルス感染症
incredible:
驚くべき、素晴らしい
determination:
意志の強さ、決断力
defeat:
～を打ち倒す、破る
(be) discharged from (the) hospital:
退院する
recover:
正常に戻る、回復する
the elderly:
《集合的》高齢者
rest:
休養する、休む
nickname A B:
AにBというあだ名を付ける
highlander:
高地人
immortal:
不死身の人
strength:
強さ、力
endurance:
持久力、持続力
Good for...:
《話》（感心して）…すごいね、やるじゃないか

[反訳]日→英サイトトランスレーション

ポーズのところで区切った日本語訳です。区切り聞きした英語の意味を確認するほか、日本語を見て区切られた部分ごとに英語に言い換える「反訳」の練習(日→英サイトトランスレーション)をすれば発信型の英語力がアップします。

イタリアから/
意志の強さの驚くべき話がある/
それはこのウイルスに打ち勝とうとするものだ/
すなわち、ある102歳の女性が退院したのだ/
回復した後に。//

医師たちによれば/
イタリカ・グロンドーナさんは高齢者にとって希望の象徴だ。//
彼女は病院で20日間以上生き延び/
現在は自宅で休養している。//

(病院の) スタッフは彼女に「不死身の高地人《ハイランダー》」というあだ名を付けた/
彼女の強さと持久力にちなんで。//
彼女はすごいですね。//

ワンポイント解説

□1～2行目は、Out of Italy has come an incredible story... と考えるとよい。

□4行目は、a 102-year-old woman (was) discharged... と考えるとよい。

□10行目のHighlanderは映画『ハイランダー』にちなんだもの。作品中に、不老不死であらゆる病気に免疫を持つthe immortalが登場する。

□グロンドーナさんが1917年生まれであることから、担当医師は「彼女はわれわれの知る中では、スペイン風邪(1918-1920年)を経験していたかもしれない初めての患者」であり、「血清のサンプルが得られた」とのことである。グロンドーナさんの孫によれば、彼女の回復の秘けつが何だったのかは見当がつかないものの、普段から自由で依存心のない人であることが影響しているのかもしれないとのこと。

イギリス英語です。まずは、ナチュラル音声を聞いて内容を推測しましょう。
次に、ページをめくって、ゆっくり音声（ポーズ入り）に進みましょう。

EU Approves Brexit

Just one day to go before a long-drawn-out, bitter divorce becomes a reality. There were tears, cheers and song as the European Union bid farewell to Britain. The EU Parliament on Wednesday voted overwhelmingly to back Britain's exit plan, or Brexit. The European Council gives final approval today to set the wheels in motion for Friday's departure.

Aired on January 30, 2020

TOEIC-style Questions

内容を正しく把握できたか、TOEIC® L&Rテスト Part 4形式の問題で確かめましょう。［正解は次ページ］

1. When did Britain leave or plan to leave the EU?

(A) One day before this news report

(B) On the day of this news report

(C) On the Wednesday before this news report

(D) On the Friday after this news report

2. What body was scheduled to give the final approval for Brexit?

(A) The European Council

(B) The British Parliament

(C) The EU Parliament

(D) The Brexit Committee

難行し続けていた英国のEU離脱が
2020年1月末に遂に実現しました。

涙と喝采と歌の中、英国が遂にEUを離脱

長きにわたったつらい離縁が現実になるまで、残りわずか1日となりました。欧州連合がイギリスに別れを告げるにあたっては、涙あり、喝采ありで、歌もありました。EU議会は水曜日、イギリスの離脱計画、すなわちブレグジットを支持することを圧倒的多数で可決しました。欧州理事会は本日、金曜日の離脱に向けて、事を円滑に実行に移すための最終承認を与えることになっています。

(2020年5月号掲載)(訳　編集部)

重要ボキャブラリー

- □ **long-drawn-out** [lɔ́ŋ drɔ̀:n áut]　延々と続く、だらだらした
- □ **divorce** [divɔ́:s | divɔ́rs]　分離、離縁
- □ **bid farewell to** [fèəwél | fέər-]　～に別れを告げる
- □ **the EU Parliament** [pá:ləmənt | párl-]　欧州議会
- □ **departure** [dipá:tʃə | dipártʃə]　離れていくこと、離脱

TOEIC-style Questionsの答え

1. (D)

2. (A)

設問の語注

body	組織、団体
be scheduled to do	～する予定になってる
commitee	委員会

写真:European Parliament from EU/Wikimedia Commons

区切り聞き／シャドーイング

ゆっくり音声［ポーズ入り］ Track 36

ゆっくり音声の適切な個所にポーズ（無言の間）が入れてあります。区切り聞きしてみましょう。
また、ポーズのところで、直前に聞き取った英語を自分で声に出すシャドーイング練習をしてみましょう。
自信がついたら、ポーズなしのゆっくり音声で、さらにはナチュラル音声でも練習してみてください。

Just one day to go/
before a long-drawn-out, bitter divorce becomes a reality.//

There were tears, cheers and song/
as the European Union bid farewell to Britain.//

The EU Parliament on Wednesday/
voted overwhelmingly to back Britain's exit plan, or Brexit.//

The European Council gives final approval today/
to set the wheels in motion/
for Friday's departure.//

語注

to go:
〈時間などが〉残って
long-drawn-out:
延々と続く、だらだらした
bitter:
つらい、苦い
divorce:
分離、離縁
become a reality:
現実となる、実現する
cheer:
喝采、歓声
bid farewell to:
～に別れを告げる
the EU Parliament:
欧州議会
vote overwhelmingly to do:
～することを圧倒的多数で可決する
back:
～を支持する
exit:
退去、離脱
the European Council:
欧州理事会
set the wheels in motion:
事を円滑に実行に移す
departure:
離れていくこと、離脱

ポーズのところで区切った日本語訳です。区切り聞きした英語の意味を確認するほか、
日本語を見て区切られた部分ごとに英語に言い換える「反訳」の練習(日→英サイトトランスレーション)を
すれば発信型の英語力がアップします。

残りわずか1日となった/
長きにわたったつらい離縁が現実になるまで。//

涙あり、喝采あり、そして歌もあった/
欧州連合がイギリスに別れを告げるにあたって。//

EU議会は水曜日/
イギリスの離脱計画、すなわちブレグジットを支持することを圧倒的多数で可決した。//

欧州理事会は本日、最終承認を与えることになっている/
事を円滑に実行に移すために/
金曜日の離脱に向けて。//

ワンポイント解説

□3行目にsongとあるのは、EU議会で英国のEU離脱が可決された後、EU議員らがスコットランド民謡の*Auld Lang Syne*(「蛍の光」の原曲)を歌ったことを指す。

□4行目のbidは過去形。bidは過去形、過去分詞形も変化しない。

□英国は、現地時間2020年1月31日午後11時にEUを正式に離脱した。離脱後も年内は「移行期間」であり、当面はこれまでの状態が維持される。この間に英国はEUとの交渉で今後の通商関係などについて議論を進める予定だ。だが、離脱する際に合意したEUとの取り決めをほごにする法案を英国政府が議会に提出し、同年9月末に下院で可決されたことにより、雲行きがわからなくなっている。

イギリス英語です。まずは、ナチュラル音声を聞いて内容を推測しましょう。
次に、ページをめくって、ゆっくり音声（ポーズ入り）に進みましょう。

Huawei to Work on UK's 5G Network

US Secretary of State Mike Pompeo heading to London for talks just a day after the British government said it would allow Chinese telecom giant Huawei to help build the country's 5G network. The decision follows concerns raised by the US government about national-security risks and the threat of Chinese cyberattacks. Washington has pressed for a total ban on Huawei products. Britain says Huawei will be excluded from critical infrastructure.

Aired on January 29, 2020

TOEIC-style Questions

内容を正しく把握できたか、TOEIC® L&Rテスト Part 4形式の問題で確かめましょう。［正解は次ページ］

1. What was Mike Pompeo probably going to do in London?

(A) Help build a 5G network
(B) Investigate Chinese cyberattacks
(C) Negotiate a deal with Huawei
(D) Discuss Britain's decision about Huawei

2. What did the US government want the UK government to do?

(A) Hold talks with Huawei
(B) Impose a total ban on Huawei products
(C) Limit Huawei to noncritical infrastructure
(D) Use the UK's 5G network to protect US national security

5Gに関しては、
中国企業が世界をリードしつつあります。

英国5G事業への ファーウェイ参入に米国が圧力

マイク・ポンペオ米国国務長官は、中国通信大手ファーウェイが英国の5Gネットワーク構築に協力するのを認めると英国政府が述べたまさにその翌日に、会談のためロンドンに向かっています。この決定は、米国政府が国家安全保障上のリスクと中国によるサイバー攻撃の脅威に関する懸念を提起した後に下されたものです。米国政府はファーウェイ製品の全面禁止を強く要求しています。英国によると、ファーウェイは中核インフラからは除外されるそうです。

(2020年5月号掲載)(訳　編集部)

British

重要ボキャブラリー

- □ **US secretary of state** [sékrətəti | -tèri] 米国国務長官
- □ **raise a concern** [kənsə́ːn | -sər̀n] 懸念を提起する
- □ **cyberattack** [sáibərətæ̀k] サイバー攻撃
- □ **exclude A from B** [ikskluːd | eks-] AをBから除外する
- □ **infrastructure** [ínfrəstrʌ̀ktʃər] 基盤となる設備、インフラ

TOEIC-style Questionsの答え

1. (D)

2. (B)

設問の語注

investigate	～を調査する
impose a ban on	～を禁止する、～に対して禁止を課す
noncritical	最重要でない

写真：Christoph Scholz/Flickr

区切り聞き／シャドーイング

ゆっくり音声［ポーズ入り］ Track 39

ゆっくり音声の適切な個所にポーズ（無言の間）が入れてあります。区切り聞きしてみましょう。
また、ポーズのところで、直前に聞き取った英語を自分で声に出すシャドーイング練習をしてみましょう。
自信がついたら、ポーズなしのゆっくり音声で、さらにはナチュラル音声でも練習してみてください。

US Secretary of State Mike Pompeo/
heading to London for talks/
just a day after the British government said/
it would allow Chinese telecom giant Huawei to help build the country's 5G network.//

The decision follows concerns raised by the US government/
about national-security risks and the threat of Chinese cyberattacks.//
Washington has pressed for a total ban on Huawei products.//

Britain says/
Huawei will be excluded from critical infrastructure.//

語注

work on:
《タイトル》～に取り組む
US secretary of state:
米国国務長官
head to:
～に向かう
talks:
会談、協議
allow...to do:
…に～することを許す、認める
telecom giant:
通信大手
raise a concern:
懸念を提起する
national-security:
国家安全保障の
threat:
脅威
cyberattack:
サイバー攻撃
press for:
～を強く求める、要求する
a total ban on:
～の全面的な禁止
exclude A from B:
AをBから除外する
critical:
重要な、不可欠な
infrastructure:
基盤となる設備、インフラ

[反訳]日→英サイトトランスレーション

ポーズのところで区切った日本語訳です。区切り聞きした英語の意味を確認するほか、日本語を見て区切られた部分ごとに英語に言い換える「反訳」の練習(日→英サイトトランスレーション)をすれば発信型の英語力がアップします。

マイク・ポンペオ米国国務長官は/
会談のためロンドンに向かっている/
英国政府が次のように述べたまさにその翌日に/
英国政府は中国通信大手ファーウェイが英国の5Gネットワーク構築に協力するのを認めると。//

この決定は米国政府が懸念を提起した後に下されたものである/
その懸念は国家安全保障上のリスクと中国によるサイバー攻撃の脅威に関してだ。//
米国政府はファーウェイ製品の全面禁止を強く要求している。//

英国によると/
ファーウェイは中核インフラからは除外されるという。//

British

ワンポイント解説

□ 冒頭の US Secretary...heading は、US Secretary... (is) heading と語を補って考えるとよい。

□ 7～8 行目の national-security risks と the threat of Chinese cyberattacks はどちらも直前の about の目的語である。

□ 5G (5th Generation) と略称される第 5 世代移動通信システムは、高速・大容量・多数同時接続を実現するもの。米国はこの分野に強い中国のファーウェイ社を「安全保障上の脅威」と見なし、英国に対しても、同社の 5G 通信網参入を認めないように強く圧力をかけていた。その結果、2020 年 7 月には、英国政府がそれまでの方針を大きく転換し、来年以降は同社の 5G 向け設備の購入を禁止すると発表した。

News 14　ナチュラル音声［1回目］ Track 41　ゆっくり音声［ポーズなし］ Track 43　ナチュラル音声［2回目］ Track 76

イギリス英語（厳密には南アフリカ英語）です。まずは、ナチュラル音声を聞いて内容を推測しましょう。
次に、ページをめくって、ゆっくり音声（ポーズ入り）に進みましょう。

Delivery Robots in High Demand

Delivery robots are in high demand across China—they're self-driving and minimize the risk of exposure—as the country continues to struggle to curb the spread of this virus. Orders for the robots are now six times higher than normal. But, of course, factories can't keep up with the demand, because the coronavirus has put a dent in the supply chain.

Aired on February 17, 2020

TOEIC-style Questions

内容を正しく把握できたか、TOEIC® L&RテストPart 4形式の問題で確かめましょう。［正解は次ページ］

1. What does the news report say about the delivery robots?

(A) They might spread the coronavirus.

(B) They reduce danger.

(C) They often struggle to mount the curb.

(D) They can follow orders.

2. What does the news report say about production of the robots?

(A) Production is six times higher than before.

(B) Makers can't keep up with orders.

(C) The factory workers are demanding more pay.

(D) The cost of supplies is higher than normal.

人間同士の接触を避けるため、
食料調達などに配達ロボットが使われています。

配達ロボットの需要が中国で急増中！

配達ロボットの需要が中国各地で高まっています——この自動運転の配達ロボットはウイルスにさらされるリスクを最小限にするものです——このウイルスの感染拡大を抑えようと中国が奮闘を続けている最中だからです。配達ロボットの注文は普段の6倍に増えています。しかし、言うまでもなく、コロナウイルスがサプライチェーンに悪影響を及ぼしているために、工場が需要に追いついていません。

(2020年6月号掲載)(訳　石黒円理)

British

重要ボキャブラリー

□ delivery robot [dilívəri]	《タイトル》配達ロボット
□ minimize [mínimàiz]	～を最小化する
□ exposure [ikspóuʒər]	(ウイルスなどに)さらされること、ばく露
□ curb [kə́:rb]	～を抑制する、食い止める
□ put a dent in [dént]	～に不利な影響を及ぼす、損害を与える

TOEIC-style Questionsの答え

1. (B)

2. (B)

設問の語注

reduce	～を減らす、減少させる
mount	～に登る、上がる
curb	(歩道の)縁石
production	生産、生産量

区切り聞き／シャドーイング

ゆっくり音声［ポーズ入り］ Track 42

ゆっくり音声の適切な個所にポーズ（無言の間）が入れてあります。区切り聞きしてみましょう。
また、ポーズのところで、直前に聞き取った英語を自分で声に出すシャドーイング練習をしてみましょう。
自信がついたら、ポーズなしのゆっくり音声で、さらにはナチュラル音声でも練習してみてください。

Delivery robots are in high demand/
across China—/
they're self-driving and minimize the risk of exposure—/
as the country continues to struggle/
to curb the spread of this virus.//

Orders for the robots/
are now six times higher than normal.//

But, of course, factories can't keep up with the demand,/
because the coronavirus has put a dent in the supply chain.//

語注

delivery robot:
《タイトル》配達ロボット

demand:
《タイトル》需要

across:
〜の各地で、全域で

self-driving:
自動運転の

minimize:
〜を最小化する

exposure:
（ウイルスなどに）さらされること、ばく露

struggle to do:
〜しようと奮闘する、悪戦苦闘する

curb:
〜を抑制する、食い止める

spread:
拡散、まん延

...times:
…倍

normal:
普通の状態、通常

keep up with:
〜に遅れないようにする、〜についていく

put a dent in:
〜に不利な影響を及ぼす、損害を与える

supply chain:
サプライチェーン、供給連鎖

[反訳]日→英サイトトランスレーション

ポーズのところで区切った日本語訳です。区切り聞きした英語の意味を確認するほか、日本語を見て区切られた部分ごとに英語に言い換える「反訳」の練習(日→英サイトトランスレーション)をすれば発信型の英語力がアップします。

配達ロボットの需要が高くなっている/
中国各地で―― /
それらは自動運転で(ウイルスに)さらされるリスクを最小限にする―― /
その国が奮闘し続けているから/
このウイルスのまん延を抑制しようと。//

このロボットの注文は/
今、通常の6倍に増えている。//

だが、言うまでもなく、工場は需要に追いつけていない/
なぜなら、コロナウイルスがサプライチェーンに悪影響を及ぼしているからだ。//

ワンポイント解説

□1行目の are 以下は、be in high demand(需要が高い)という動詞句である。

□3行目の they は delivery robots を指す。

□最終行のの supply chain(サプライチェーン)は、製品が原材料の調達から、生産・物流・販売を経て、消費者の手に届くまでの一連の流れのこと。

□新型コロナウイルス感染拡大防止のため、人と人との接触を極力減らそうと、自動運転システムを備えた「配達ロボット」の需要が武漢(新型コロナウイルスの最初の発生地とされる湖北省の都市)を中心に中国国内で急増している。屋内では主に小型の配達ロボットが活躍しており、病棟内の消毒、隔離病棟への薬や食事の配膳、さらには、医者が患者に遠隔で問診を行うのにも利用されている。

NEWS 15　ナチュラル音声［1回目］ Track 44　ゆっくり音声［ポーズなし］ Track 46　ナチュラル音声［2回目］ Track 77

イギリス英語（厳密には南アフリカ英語）です。まずは、ナチュラル音声を聞いて内容を推測しましょう。
次に、ページをめくって、ゆっくり音声（ポーズ入り）に進みましょう。

NASA Needs More Astronauts

Have you ever wanted to go to the dark side of the moon? Well, now's your chance. NASA is looking for a new generation of astronauts. Currently, they have 48, but they say they need more for distant space exploration. And, of course, you need just a few requirements, including an advanced degree and more than 1,000 hours of pilot time in a jet—no big deal there. Applications open March 2nd. Good luck.

Aired on February 17, 2020

TOEIC-style Questions

内容を正しく把握できたか、TOEIC® L&Rテスト Part 4形式の問題で確かめましょう。［正解は次ページ］

1. How many astronauts did NASA have at the time of this report?

(A) None

(B) Four

(C) Almost 10

(D) Close to 50

2. What does NASA want the new staff to do?

(A) Train a new generation of astronauts

(B) Teach advanced degrees

(C) Explore distant parts of space

(D) Spend more time flying jets

有人宇宙飛行を劇的に増やす考えのNASAが
宇宙飛行士の募集を行いました。

NASAが 新世代の宇宙飛行士を募集

月の裏側に行きたいと思ったことはあるでしょうか。さあ、今こそあなたにチャンスが巡ってきました。NASA（米航空宇宙局）は新世代の宇宙飛行士を探しています。現在、NASAには48人の宇宙飛行士がいますが、同局によれば、深宇宙探査のためにさらなる人員を必要としているのだそうです。そしてもちろん、ほんの2、3の要件を満たせばいいのです。それは上級学位やジェット機での1000時間を超える飛行経験などですが——どうってことはないですよね。募集開始は3月2日から。幸運を祈ります。

（2020年6月号掲載）（訳　編集部）

British

重要ボキャブラリー

□ **exploration** [èkspləréiʃən]	探検、探査
□ **requirement** [rikwáiərmənt]	必要条件、要件
□ **pilot time** [páilət]	飛行時間、操縦時間
□ **(be) no big deal** [dí:l]	大したことではない
□ **application** [æ̀plikéiʃən]	申し込み、応募

TOEIC-style Questionsの答え

1. (D)
2. (C)

設問の語注

close to	～近く、ほぼ～
train	～を訓練する
explore	～を探検する、調査する

写真：NASA/Wikimedia Commons

区切り聞き／シャドーイング

ゆっくり音声［ポーズ入り］ Track 45

ゆっくり音声の適切な個所にポーズ（無言の間）が入れてあります。区切り聞きしてみましょう。
また、ポーズのところで、直前に聞き取った英語を自分で声に出すシャドーイング練習をしてみましょう。
自信がついたら、ポーズなしのゆっくり音声で、さらにはナチュラル音声でも練習してみてください。

Have you ever wanted to go/
to the dark side of the moon?//

Well, now's your chance.//
NASA is looking for a new generation of astronauts.//

Currently, they have 48,/
but they say/
they need more for distant space exploration.//

And, of course, you need just a few requirements,/
including an advanced degree and more than 1,000 hours of pilot time in a jet—/
no big deal there.//
Applications open March 2nd.//
Good luck.//

語注

astronaut:
《タイトル》宇宙飛行士
the dark side of the moon:
月の裏側
now is one's chance:
今がチャンスだ
generation:
世代
currently:
現在は、今は
distant space:
深宇宙　▶地球から遠く隔たった宇宙空間。deep spaceと呼ぶのが一般的。
exploration:
探検、探査
just a few:
ごくわずかの
requirement:
必要条件、要件
advanced degree:
上級学位　▶修士号および博士号のこと。
pilot time:
飛行時間、操縦時間
jet:
ジェット機
(be) no big deal:
大したことではない
application:
申し込み、応募

[反訳]日→英サイトトランスレーション

ポーズのところで区切った日本語訳です。区切り聞きした英語の意味を確認するほか、日本語を見て区切られた部分ごとに英語に言い換える「反訳」の練習(日→英サイトトランスレーション)をすれば発信型の英語力がアップします。

行きたいと思ったことはあるだろうか/
月の裏側に。//

さあ、今こそあなたにチャンスが巡ってきた。//
NASA(米航空宇宙局)は新世代の宇宙飛行士を探している。//

現在、NASAには48人の宇宙飛行士がいる/
だが、同局によれば/
深宇宙探査のためにさらなる人員を必要としているそうだ。//

そしてもちろん、ほんの2、3の要件を満たせばよい/
要件に含まれているのは、上級学位やジェット機での1000時間を超える飛行経験などだが——/
大したことではないね。//
募集開始は3月2日から。//
幸運を祈る。//

ワンポイント解説

□ 2行目のthe dark side of the moonは、一般的には「月の裏側」の意味に用いられる。だが、プログレッシブ・ロック・バンドのピンク・フロイドの代表作『狂気』の原題にもなっているように、「謎に包まれた場所・部分」を比喩的に表すこともある。

□ 8行目のjust a fewや11行目のno big dealは、あくまでジョークとして言っている。

□ NASA(米航空宇宙局)は2020年2月11日に、次世代の宇宙飛行士を募集すると発表した。本書p.44掲載のニュースにもあるように、有人宇宙飛行をこれから活発に行う計画があるためだ。募集は2020年3月末で締め切られた。ニュース中で述べられていることのほか、米国市民であることが条件なので、日本人は応募資格がない。

NEWS 16 ナチュラル音声［1回目］ Track 47 ゆっくり音声［ポーズなし］ Track 49 ナチュラル音声［2回目］ Track 78

オーストラリア英語です。まずは、ナチュラル音声を聞いて内容を推測しましょう。
次に、ページをめくって、ゆっくり音声（ポーズ入り）に進みましょう。

Security Law Passed for Hong Kong

We are tracking some major developments out of Hong Kong, where local media report China's parliament has passed a controversial national-security law for the city. State media in the mainland have said the law would criminalize acts against the central government, like what it calls secession and terrorism. Critics say the law attacks political freedoms, and protesters marched through Hong Kong over the weekend to make sure officials were aware.

Aired on June 30, 2020

リスニングのポイント

解説：南條健助（桃山学院大学国際教養学部准教授）

最近のオーストラリア英語では、［ウア］に近く聞こえる二重母音が、［オー］に近く聞こえる長母音になることがある。

最終行のmake sure
［メイクショー］

最近のオーストラリア英語では、若い世代を中心に、［ウア］に近く聞こえる二重母音が使われなくなっています。代わりに、［オー］に近く聞こえる長母音が用いられるか、［ウーア］に近く聞こえる2音節の発音が用いられることが多くなりました。どちらの発音が用いられるかは、話し手によって、あるいは語によって異なります。ここでは、sureの母音に前者が用いられており、［ショー］のように聞こえます（shoreと同じ発音）。ほかにもmoorが［モー］のように、poorが［ポー］のように聞こえます（それぞれmore、pourと同じ発音）。これらの語に関しては、最近のイギリス英語でも、同様の現象が見られます。一方、cure、pure、tourなどの母音には後者が用いられ、cureは［キューア］のように、pureは［ピューア］のように、tour［トゥーア］のように聞こえます。

2020年6月30日に「香港国家安全維持法」が可決され、
抗議活動がさらに激化しました。

「香港国家安全維持法」で一国二制度は終わる!?

われわれは香港の重大な事態の進展をいくつか追っていますが、地元メディアの報道によると、中国の全国人民代表大会は論争の的となっている香港国家安全維持法を可決しました。中国本土の国営メディアの発表によると、この法律の施行に伴い、たとえば中央政府が言うところの「国家からの分離独立」や「テロ行為」のような、中央政府に対する反逆行為は違法となります。この法律は政治的自由を脅かすものだと批判する人々もおり、当局にそれをはっきりと気づかせるため、週末には香港市内で抗議デモが行われました。

(2020年10月号掲載)(訳　石黒円理)

重要ボキャブラリー

- □ **track** [trǽk]　～を追う、見守る
- □ **controversial** [kɑ̀ntrəvə́ːrʃəl | kɔ̀n-]　論争の的の、物議を醸す
- □ **criminalize** [krímənəlàiz]　～を違法とする、犯罪と見なす
- □ **secession** [siséʃən]　分離独立、離脱
- □ **terrorism** [térərìzəm]　テロ行為、テロリズム

ニュースのミニ知識

2020年6月30日、香港の治安に関して中国政府の広範囲の権限を認める、「香港国家安全維持法」が全国人民代表大会(全人代)常務委員会で可決された。この法律は国家分裂や政権転覆、外国勢力との結託、テロ行為などを処罰対象に定め、最高刑は終身刑になるとされている。中国政府は、同法は香港市民の権利や自由に影響を与えるものではないと言うが、香港の民主派は、この法律によって香港の高度な自治を認める「一国二制度」が実質的に終わり、今後中国政府による香港への統制が強化され、自由が奪われると強く反発している。

区切り聞き／シャドーイング

ゆっくり音声［ポーズ入り］ Track 48

ゆっくり音声の適切な個所にポーズ（無言の間）が入れてあります。区切り聞きしてみましょう。
また、ポーズのところで、直前に聞き取った英語を自分で声に出すシャドーイング練習をしてみましょう。
自信がついたら、ポーズなしのゆっくり音声で、さらにはナチュラル音声でも練習してみてください。

We are tracking some major developments out of Hong Kong,/
where local media report/
China's parliament has passed a controversial national-security law for the city.//

State media in the mainland have said/
the law would criminalize acts against the central government,/
like what it calls secession and terrorism.//

Critics say/
the law attacks political freedoms,/
and protesters marched through Hong Kong over the weekend/
to make sure officials were aware.//

語注

track:
〜を追う、見守る

development:
進展、事の成り行き

China's parliament:
＝the National People's Congress　全国人民代表大会、全人代

controversial:
論争の的の、物議を醸す

national-security:
国家安全保障の

state media:
国営メディア

mainland:
本土

criminalize:
〜を違法とする、犯罪と見なす

secession:
分離独立、離脱

terrorism:
テロ行為、テロリズム

critic:
批判的な人、批判者

protester:
抗議者、デモ参加者

march through:
〜を行進する

make sure (that):
確実に〜であるようにする

be aware:
認識している

[反訳]日→英サイトトランスレーション

ポーズのところで区切った日本語訳です。区切り聞きした英語の意味を確認するほか、日本語を見て区切られた部分ごとに英語に言い換える「反訳」の練習(日→英サイトトランスレーション)をすれば発信型の英語力がアップします。

われわれは香港の重大な出来事をいくつか追っている/
そこでは、地元メディアが報じている/
中国の全国人民代表大会が論争の的となっているその街(香港)に対して国家安全維持法を可決したと。//

中国本土の国営メディアの発表によると/
この法律は中央政府に反する行為を違法とすることになる/
たとえば中央政府が言うところの(国家からの)分離独立やテロ行為など。//

批判する人々は言う/
この法律は政治的自由を脅かすと/
そして抗議する人々は週末、香港市内でデモ行進した/
当局に(その法律に対して反対があることを)確実に気づかせるために。//

ワンポイント解説

□1行目のout of Hong Kongは直前のmajor developmentsを後ろから修飾している前置詞句。

□3行目のChina's parliamentは中華人民共和国の立法府で「全人代」のこと。国家の最高権力機関および立法機関として位置づけられる。

□6行目のwouldは「その法律が施行されれば」という含みを持つ仮定法過去の用法。

□9行目のfreedomsは複数形の可算名詞。freedomは通例不可算名詞だが、ここでのように特定の自由や権利を指す可算名詞の場合もある。

□すでに同法違反の疑いで多数の市民が取り締まりを受け、香港民主活動家の周庭氏(23)も逮捕された。保釈後、彼女は日本語での動画配信を通じて、当時の不安な心境を語り、今後も香港情勢に注目してほしいと呼びかけた。

NEWS 17 ナチュラル音声［1回目］Track 50 ゆっくり音声［ポーズなし］Track 52 ナチュラル音声［2回目］Track 79

オーストラリア英語です。まずは、ナチュラル音声を聞いて内容を推測しましょう。
次に、ページをめくって、ゆっくり音声（ポーズ入り）に進みましょう。

Woman to Start Olympic Torch Relay

For the first time, a woman will start the Olympic torch relay. Olympic shooting champion Anna Korakaki will start the torch's epic journey from Greece to Japan and, of course, the Tokyo 2020 Games. Korakaki won gold in the previous Olympics for her marksmanship and is returning to defend her title. The final carrier of the flame will also be a woman, 2016 pole-vault champion Katerina Stefanidi.

Aired on February 9, 2020

TOEIC-style Questions

内容を正しく把握できたか、TOEIC® L&Rテスト Part 4形式の問題で確かめましょう。［正解は次ページ］

1. Who is scheduled to begin the Olympic torch relay?

(A) An Olympic shooting champion
(B) A Japanese athlete
(C) Katerina Stefanidi
(D) A pole-vault champion

2. What will happen for the first time in the 2020 Olympics?

(A) The Olympic torch will travel from Greece to Japan.
(B) The same athlete will start and end the torch relay.
(C) A woman will start the torch relay.
(D) Two women will carry the Olympic torch.

リオ五輪では女子射撃25メートルピストルで
金メダルを獲得したアナ・コラカキ選手。

聖火リレーの第一走者が史上初めて女性に

史上初めて、女性がオリンピックの聖火リレーの第一走者を務めることとなりました。ギリシャから日本へ、そして言うまでもなく東京2020オリンピック大会場へと至る壮大な聖火の旅を始めるのは、オリンピック射撃優勝者アナ・コラカキ選手です。コラカキ選手は前回のオリンピックにおいて、その射撃技術で金メダルを獲得しており、そのタイトル防衛をかけて戻ってきます。(ギリシャ国内の) 最終聖火ランナーを務めることになったのもまた女性で、2016年の棒高跳び優勝者のカテリーナ・ステファニディ選手です。

(2020年5月号掲載)(訳　石黒円理))

重要ボキャブラリー

□ **torch relay** [tɔ́ːtʃ rìːlei]	《タイトル》聖火リレー
□ **epic** [épik]	壮大な、叙事詩のような
□ **previous** [príːviəs]	前の、以前の
□ **marksmanship** [mɑ́ː*r*ksmənʃìp]	射撃技術
□ **pole-vault** [póul vɔ̀ːlt]	棒高跳びの

TOEIC-style Questionsの答え

1. (A)

2. (C)

設問の語注

be scheduled to do	～する予定になっている
athlete	運動選手、スポーツマン
carry	～を運ぶ

区切り聞き／シャドーイング

ゆっくり音声［ポーズ入り］ Track 51

ゆっくり音声の適切な個所にポーズ（無言の間）が入れてあります。区切り聞きしてみましょう。
また、ポーズのところで、直前に聞き取った英語を自分で声に出すシャドーイング練習をしてみましょう。
自信がついたら、ポーズなしのゆっくり音声で、さらにはナチュラル音声でも練習してみてください。

For the first time,/
a woman will start the Olympic torch relay.//
Olympic shooting champion Anna Korakaki/
will start the torch's epic journey/
from Greece to Japan and, of course, the Tokyo 2020 Games.//

Korakaki won gold in the previous Olympics/
for her marksmanship/
and is returning to defend her title.//

The final carrier of the flame will also be a woman,/
2016 pole-vault champion Katerina Stefanidi.//

語注

torch relay:
《タイトル》聖火リレー
for the first time:
初めて
shooting:
射撃、射撃競技
epic:
壮大な、叙事詩のような

Greece:
ギリシャ
Games:
＝Olympic Games　オリンピック大会
win gold:
（競技などで）金メダルを獲得する、優勝する

previous:
前の、以前の
marksmanship:
射撃技術
defend:
〜を防衛する、守る
title:
タイトル、選手権

carrier:
運ぶ人、運び手　▶ここでは聖火ランナーのこと。
flame:
炎、火炎
pole-vault:
棒高跳びの

[反訳]日→英サイトトランスレーション

ポーズのところで区切った日本語訳です。区切り聞きした英語の意味を確認するほか、日本語を見て区切られた部分ごとに英語に言い換える「反訳」の練習(日→英サイトトランスレーション)をすれば発信型の英語力がアップします。

初めて/
女性がオリンピックの聖火リレーを始める。//
オリンピック射撃の優勝者アナ・コラカキ選手が/
壮大な聖火の旅を始めるのだ/
ギリシャから日本へ、そしてもちろん東京2020オリンピック大会場へと。//

コラカキ選手は前回のオリンピックで金メダルを獲得した/
彼女の射撃技術で/
そしてそのタイトルを防衛するため(今回の五輪に)戻ってくる。//

(ギリシャ国内の)最終聖火ランナーとなるのも女性で/
2016年の棒高跳び優勝者、カテリーナ・ステファニディ選手だ。//

ワンポイント解説

□6行目の the previous Olympics は、ブラジルのリオデジャネイロ市で開催された、2016年のリオ五輪を指す。

□9行目の The final carrier は、日本国内の聖火リレーの前に行われる、ギリシャ国内の聖火リレーの最終ランナーであることを指している。

□東京2020大会で、五輪史上初めて、聖火リレーの第一走者に女性が起用された。聖火はまず、2020年3月12日にギリシャ・オリンピアの遺跡にあるヘラ神殿前で採火され、8日間ギリシャ国内をリレーし、3月20日に渡された聖火が日本に到着。そこから国内リレーが行われる予定だったが、コロナ禍のため中止となった。聖火は、9月1日から11月1日まで、日本オリンピックミュージアムで展示されている。

オーストラリア英語です。まずは、ナチュラル音声を聞いて内容を推測しましょう。
次に、ページをめくって、ゆっくり音声（ポーズ入り）に進みましょう。

Protests on Australia Day

It is Australia Day, the day set aside for celebration also being marked by protests, thousands of demonstrators taking to the streets of Sydney and other cities in Australia earlier, calling it instead Invasion Day, marking the start of British colonialism in the 18th century. That has been especially hard, of course, on Australia's Aboriginal people. They track near the bottom of almost every economic indicator in Australia.

Aired on January 26, 2020

TOEIC-style Questions

内容を正しく把握できたか、TOEIC® L&Rテスト Part 4形式の問題で確かめましょう。［正解は次ページ］

1. Why is Australia Day also called Invasion Day?

(A) Because it is a day when demonstrators invade the streets of Sydney

(B) Because Australia's Aboriginal people invaded a British colony on that day

(C) Because it marks the start of British colonialism in Australia

(D) All of the above

2. What does this news report say about Aboriginal people?

(A) That they set aside Australia Day for celebration

(B) That Australia Day protests are especially hard on them

(C) That they are not doing well economically

(D) That British colonialism saved them from economic hardship

記念日の意味をどうとらえるかは
立場によってまったく変わってきます。

「オーストラリアの日」は何を記念している？

今日は「オーストラリアの日」で、お祝いのために設けられている日ですが、抗議デモも行われており、先ほど何千ものデモ参加者がシドニーをはじめとしたオーストラリア諸都市の街頭に繰り出し、18世紀のイギリスの植民地支配の始まりの記念日として、この日を代わりに「侵略の日」と呼んでいます。それは言うまでもなく、今までずっと、オーストラリアの（先住民である）アボリジニの人々にとって、とりわけつらいものでした。彼らはオーストラリアのほぼすべての経済指標の最下層の近くを推移しています。

（2020年5月号掲載）（訳　編集部）

重要ボキャブラリー

- □ **demonstrator** [démənstrèitər] デモ参加者
- □ **invasion** [invéiʒən] 侵入、侵略
- □ **colonialism** [kəlóuniəlìzəm] 植民地主義、植民政策
- □ **Aboriginal** [æ̀bərídʒənəl] アボリジニの、オーストラリア先住民の
- □ **economic indicator** [índikèitər] 経済指標

TOEIC-style Questionsの答え

1. (C)

2. (C)

設問の語注

invade	～に侵入する、～を侵略する
colony	植民地
the above	上記のもの
do well	うまくいく、順調である
hardship	困難、困窮

写真：julian meehan from Melbourne, Australia/Wikimedia Commons

区切り聞き／シャドーイング

ゆっくり音声［ポーズ入り］ Track 54

ゆっくり音声の適切な個所にポーズ（無言の間）が入れてあります。区切り聞きしてみましょう。
また、ポーズのところで、直前に聞き取った英語を自分で声に出すシャドーイング練習をしてみましょう。
自信がついたら、ポーズなしのゆっくり音声で、さらにはナチュラル音声でも練習してみてください。

It is Australia Day,/
the day set aside for celebration/
also being marked by protests,/
thousands of demonstrators taking to the streets of Sydney and other cities in Australia earlier,/
calling it instead Invasion Day,/
marking the start of British colonialism in the 18th century.//

That has been especially hard, of course,/
on Australia's Aboriginal people.//

They track near the bottom/
of almost every economic indicator in Australia.//

語注

protest:
《タイトル》抗議、反対

Australia Day:
《タイトル》オーストラリアの日 ▶1788年に英国からの最初の入植者がシドニー湾で英国国旗を掲げたことを記念する祝日。

set A aside for B:
AをBのために取っておく、確保する

celebration:
祝賀、祝祭

mark:
～を記念する、祝う

demonstrator:
デモ参加者

take to the streets:
街頭に繰り出す、抗議のデモを行う

instead:
代わりに

invasion:
侵入、侵略

colonialism:
植民地主義、植民政策

Aboriginal:
アボリジニの、オーストラリア先住民の

track:
移動する、推移する

the bottom of:
～の底辺、最下層

economic indicator:
経済指標

[反訳]日→英サイトトランスレーション

ポーズのところで区切った日本語訳です。区切り聞きした英語の意味を確認するほか、日本語を見て区切られた部分ごとに英語に言い換える「反訳」の練習(日→英サイトトランスレーション)をすれば発信型の英語力がアップします。

今日は「オーストラリアの日」である/
祝いのために設けられている日だが/
抗議も行われており/
先ほど何千ものデモ参加者がシドニーをはじめとしたオーストラリア諸都市の街頭に繰り出し/
この日を(「オーストラリアの日」の)代わりに「侵略の日」と呼んでいる/
18世紀のイギリスの植民地支配の始まりの記念日として。//

それはもちろん、今までずっと、とりわけつらいものだった/
オーストラリアの(先住民である)アボリジニの人々にとって。//

彼らは最下層の近くを推移している/
オーストラリアのほぼすべての経済指標で。//

ワンポイント解説

□2～3行目のset aside for celebrationとalso being marked by protestsはどちらも直前のthe dayを後ろから修飾しており、1～5行目はIt is... (and) the day...for celebration (is) also being marked by protests, (and) thousands of demonstrators (are) taking... earlier (and) calling it...と考えられる。なお、7行目のmarking...18th centuryは後ろからInvasion Dayを修飾している。

□毎年1月26日と定められているAustralia Dayは、オーストラリアの「建国記念日」とでもいうべき日で、国民の祝日であり、全国で数々の行事が行われる。しかし、5万年前からオーストラリアで生活しているといわれるアボリジニの人々にとっては、イギリスからの移民による侵略が始まった日であり、毎年、抗議の声が国内各地で上がっている。

NEWS 19 ナチュラル音声［1回目］ Track 56 ゆっくり音声［ポーズなし］ Track 58 ナチュラル音声［2回目］ Track 81

オーストラリア英語です。まずは、ナチュラル音声を聞いて内容を推測しましょう。
次に、ページをめくって、ゆっくり音声（ポーズ入り）に進みましょう。

Patient Plays Violin during Brain Op

Having a brain tumor removed is scary, of course. Imagine what it must be like to do this. Musician Dagmar Turner played the violin during her operation at King's College Hospital in London. She feared her condition would affect areas of her brain that control her hand movements, so surgeons talked to her and had her play while they worked. They successfully removed 98 percent of Dagmar's tumor, and she kept full function in her left hand.

Aired on February 20, 2020

TOEIC-style Questions

内容を正しく把握できたか、TOEIC® L&Rテスト Part 4形式の問題で確かめましょう。［正解は次ページ］

1. What was the purpose of the operation?

(A) To restore a violinist's abilities

(B) To remove a brain tumor

(C) To improve the function of a violinist's left hand

(D) To study how the brain controls the hands

2. What was the result?

(A) The patient survived.

(B) Almost all of the tumor was removed.

(C) The violinist's hand still functions normally.

(D) All of the above

特別な計らいをした医師たちは
どんな思いで音色を聴いていたのでしょうか。

音楽家魂!?
手術中の患者がバイオリン演奏

脳腫瘍を除去してもらうのは、もちろん怖いですね。では、これはどんな感じか想像してみてください。音楽家のダグマー・ターナーさんは、ロンドンのキングズカレッジ病院での自身の手術中にバイオリンを弾きました。病状が自分の手の動きを司る脳の部位に影響を与えるのではないかと彼女が心配していたので、執刀医たちが彼女に話して、手術を行う間に弾かせたのです。医師たちはダグマーさんの腫瘍の98%を除去することに成功し、彼女の左手は完全な機能を維持しました。

（2020年6月号掲載）（訳　編集部）

重要ボキャブラリー

□ **patient** [péiʃənt]	《タイトル》患者、病人
□ **brain tumor** [tú:mər | tju-]	脳腫瘍
□ **scary** [skéəri]	恐ろしい、怖い
□ **surgeon** [sə́:rdʒən]	外科医、執刀医
□ **function** [fʌ́ŋkʃən]	機能、働き

TOEIC-style Questionsの答え

1. (B)
2. (D)

設問の語注

restore	～を回復させる
ability	能力、力量
improve	～を改善する
survive	生き残る

区切り聞き／シャドーイング

ゆっくり音声［ポーズ入り］ Track 57

ゆっくり音声の適切な個所にポーズ(無言の間)が入れてあります。区切り聞きしてみましょう。
また、ポーズのところで、直前に聞き取った英語を自分で声に出すシャドーイング練習をしてみましょう。
自信がついたら、ポーズなしのゆっくり音声で、さらにはナチュラル音声でも練習してみてください。

Having a brain tumor removed is scary, of course.//
Imagine what it must be like to do this.//

Musician Dagmar Turner played the violin/
during her operation/
at King's College Hospital in London.//

She feared/
her condition would affect areas of her brain that control her hand movements,/
so surgeons talked to her and had her play/
while they worked.//

They successfully removed 98 percent of Dagmar's tumor,/
and she kept full function in her left hand.//

語注

patient: 《タイトル》患者、病人
op: 《タイトル》＝operation 手術
have...done: …を～してもらう
brain tumor: 脳腫瘍
remove: ～を取り除く、除去する
scary: 恐ろしい、怖い
fear (that): ～ということを恐れる、心配する
condition: 健康状態、病状
affect: ～に作用する、影響を与える
area: 部位、領域
control: ～を制御する、司る
surgeon: 外科医、執刀医
have...do: …に～してもらう、させる
successfully: 成功のうちに、うまく
function: 機能、働き

ポーズのところで区切った日本語訳です。区切り聞きした英語の意味を確認するほか、
日本語を見て区切られた部分ごとに英語に言い換える「反訳」の練習(日→英サイトトランスレーション)を
すれば発信型の英語力がアップします。

脳腫瘍を除去してもらうのはもちろん怖い。//
では、これはどんな感じか想像してみてください。//

音楽家のダグマー・ターナーさんはバイオリンを弾いた/
自身の手術中に/
ロンドンのキングズカレッジ病院で。//

彼女は心配だった/
病状が自分の手の動きを司る脳の部位に影響を与えたりはしないのだろうかと/
そこで執刀医たちが彼女に話して、弾かせた/
手術を行う間。//

医師たちはダグマーさんの腫瘍の98%を除去することに成功し/
彼女の左手は完全な機能を維持した。//

ワンポイント解説

□タイトルの op は operation（手術）の略。日本語では「オペ」と言うが、これはドイツの operation（オペラチオン）から来ている。

□冒頭の文は Having a brain tumor removed という名詞句が主語。have...done で「…を～してもらう」の意。これに対し、9 行目の had her play は使役動詞 have を使った have...do の形で「…に～させる」の意であることに注意。

□ダグマー・ターナーさんは 53 歳のバイオリニストだが、2013 年に発作を起こし、右前頭葉に腫瘍があることがわかった。その腫瘍の位置は左手の動きを司る脳の部位の近くであったため、ターナーさんはバイオリンが弾けなくなるのではないかと心配していた。そこでアシュカン神経外科医長が発案し、手術中にターナーさんに演奏してもらい、担当医たちが脳の機能をモニタリングする措置が取られた。

オーストラリア英語です。まずは、ナチュラル音声を聞いて内容を推測しましょう。
次に、ページをめくって、ゆっくり音声（ポーズ入り）に進みましょう。

Tom Cruise to Act in Space

The head of NASA confirmed Tuesday that the US space agency is working with actor Tom Cruise to make a movie in space. Cruise is planning on staying on board the International Space Station to film an action-adventure movie. A few films have been shot on the Space Station already, including an IMAX documentary Cruise narrated. But if the actor's plans take off, he could become the first actor to film in space.

Aired on May 6, 2020

TOEIC-style Questions

内容を正しく把握できたか、TOEIC L&R®テストPart 4形式の問題で確かめましょう。［正解は次ページ］

1. According to this news report, what type of project is Cruise planning to take part in?

(A) An action-adventure movie

(B) A movie about NASA

(C) A scientific experiment in space

(D) A documentary film

2. In what way would this project be a first?

(A) It would be the first space experiment to include a nonastronaut.

(B) It would be the first movie shot on the International Space Station.

(C) It would include the first actor to act in space.

(D) It would be the first documentary about the International Space Station.

スタントマン顔負けの超絶アクション俳優
として知られるトム・クルーズ。

NASAも協力！
トム・クルーズが宇宙で映画撮影へ

NASA（米航空宇宙局）の長官が火曜日、その宇宙機関が俳優トム・クルーズと協力して宇宙で映画を製作するのは事実だと認めました。クルーズ氏は国際宇宙ステーションに滞在し、アクションアドベンチャー映画を撮影することを計画しています。国際宇宙ステーションではこれまでにも何作か映画撮影が行われており、その中にはクルーズ氏がナレーションを務めたIMAXのドキュメンタリー映画もあります。しかし、実際にクルーズ氏のこの企画が軌道に乗れば、彼は初めて宇宙で映画撮影を行った俳優になるかもしれません。

（2020年8月号掲載）（訳　石黒円理）

重要ボキャブラリー

- □ **confirm that** [kənfə́ːrm] ～ということが真実だと認める
- □ **on board** [bɔ́ːrd] （船・飛行機などに）搭乗して
- □ **action-adventure** [ədvéntʃər] 冒険活劇の、アクションアドベンチャーの
- □ **documentary** [dɑ̀kjuméntəri] 記録映画、ドキュメンタリー
- □ **narrate** [nǽreit] ～のナレーションを行う、ナレーターを務める

TOEIC-style Questionsの答え

1. (A)

2. (C)

設問の語注

according to	～によると
take part in	～に参加する
scientific experiment	科学実験
a first	初めての出来事
nonastronaut	宇宙飛行士でない人
shot	映画の一場面、ショット

区切り聞き／シャドーイング

ゆっくり音声［ポーズ入り］ Track 60

ゆっくり音声の適切な個所にポーズ（無言の間）が入れてあります。区切り聞きしてみましょう。
また、ポーズのところで、直前に聞き取った英語を自分で声に出すシャドーイング練習をしてみましょう。
自信がついたら、ポーズなしのゆっくり音声で、さらにはナチュラル音声でも練習してみてください。

The head of NASA confirmed Tuesday/
that the US space agency is working with actor Tom Cruise/
to make a movie in space.//

Cruise is planning on staying on board the International Space Station/
to film an action-adventure movie.//

A few films have been shot on the Space Station already,/
including an IMAX documentary Cruise narrated.//

But if the actor's plans take off,/
he could become the first actor to film in space.//

語注

confirm that:
〜ということが真実だと認める

space agency:
宇宙機関、宇宙局

plan on doing:
〜する計画を立てる、〜する予定である

on board:
（船・飛行機などに）搭乗して

the International Space Station:
国際宇宙ステーション

action-adventure:
冒険活劇の、アクションアドベンチャーの

film:
①〜を撮影する　②映画

shoot:
〜を撮影する

IMAX:
《商標》アイマックス
▶高精細度の映像システムのひとつ。

documentary:
記録映画、ドキュメンタリー

narrate:
〜のナレーションを行う、ナレーターを務める

take off:
うまくいき始める、軌道に乗る

[反訳]日→英サイトトランスレーション

ポーズのところで区切った日本語訳です。区切り聞きした英語の意味を確認するほか、日本語を見て区切られた部分ごとに英語に言い換える「反訳」の練習(日→英サイトトランスレーション)をすれば発信型の英語力がアップします。

NASA(米航空宇宙局)の長官が火曜日、事実だと認めた/
この米国の宇宙機関が俳優のトム・クルーズと協力していると/
宇宙で映画を製作するために。//

クルーズ氏は国際宇宙ステーションに滞在することを計画している/
アクションアドベンチャー映画を撮影するために。//

その宇宙ステーションではすでに何作か映画が撮影されている/
クルーズ氏がナレーションを務めたIMAXのドキュメンタリーも含めて。//

だが、この俳優の企画が軌道に乗れば/
彼は宇宙で映画撮影を行った初めての俳優になるかもしれない。//

ワンポイント解説

□7行目で述べているのは、トム・クルーズがナレーションを担当した、2002年のドキュメンタリー映画『スペース・ステーション3D』のこと。また、構文的には、an IMAX documentary (which/that) Cruise narrated と関係代名詞を補って考えるとよい。

□8行目の take off は「(宇宙船などが)離陸する」という意味にかけている。

□IMAX はカナダの IMAX 社が開発した動画フィルムおよびその映写システムで、通常の映画で使用されるフィルムよりも大きなサイズの映像を記録・上映できる。

□『ミッション:インポッシブル』シリーズなどで知られるトム・クルーズが国際宇宙ステーションを舞台に映画撮影を計画していると、NASA のブライデンスタイン長官がツイートで明らかにした。

ボキャブラリー・チェック

重要ボキャブラリーや語注として取り上げたものをまとめてあります。訳語の後ろの数字は、その語いが出てくるニュースの番号を示しています（例：N01=News 01）。そのニュースの文脈を思い出しながら覚えると、語いのニュアンスや使い方も身につきます。

- ☐ **3-D glasses:** = three-dimensional glasses　3D メガネ N04

A

- ☐ **a quarter million:** 25 万の N09
- ☐ **a total ban on:** ～の全面的な禁止 N13
- ☐ **Aboriginal:** アボリジニの、オーストラリア先住民の N18
- ☐ **across:** ～の各地で、全域で N14
- ☐ **action-adventure:** 冒険活劇の、アクションアドベンチャーの N20
- ☐ **advanced degree:** 上級学位（修士号および博士号のこと）N15
- ☐ **affect:** ～に作用する、影響を与える N19
- ☐ **allow...to do:** …に～することを許す、認める N13
- ☐ **application:** 申し込み、応募 N15
- ☐ **area:** 部位、領域 N19
- ☐ **artificial:** 人工の、人造の N02
- ☐ **aspiring:** ～になりたい、～志願の N02
- ☐ **astronaut:** 宇宙飛行士 N08, N15
- ☐ **at the beginning of:** ～の初めに、開始時に N10
- ☐ **Australia Day:** オーストラリアの日（1788 年に英国からの最初の入植者がシドニー湾で英国国旗を掲げたことを記念する祝日）N18

B

- ☐ **back:** ～を支持する N12
- ☐ **back in the day when:** かつて～した頃、～した当時 N09
- ☐ **be aware:** 認識している N16
- ☐ **be discharged from hospital:** 退院する N11
- ☐ **be grateful for:** ～をありがたく思う、～に感謝している N06
- ☐ **be involved in:** ～にかかわっている N06
- ☐ **be known as A to B:** B に A として知られている N09
- ☐ **be no big deal:** 大したことではない N15
- ☐ **be not ready for prime time:** まだ実用化には至っていない（「(テレビの）ゴールデンタイムに放送できるほどではない」ということから生まれたフレーズで、通常、否定形で使われる）N02
- ☐ **be set to do:** ～することになっている N07
- ☐ **be surrounded by:** ～に取り囲まれている N09
- ☐ **beat:** ～を打ち負かす N11
- ☐ **become a reality:** 現実となる、実現する N12
- ☐ **bid farewell to:** ～に別れを告げる N12
- ☐ **billion:** 10 億 N03
- ☐ **bitter:** つらい、苦い N12
- ☐ **blessing:** ありがたいこと、恵み N06
- ☐ **body odor:** 体臭 N07
- ☐ **bold:** 勇敢な、大胆な N10
- ☐ **brain tumor:** 脳腫瘍 N19

C

- ☐ **cancer:** がん N07
- ☐ **Cape Canaveral:** ケープ・カナベラル（フロリダ州の岬で、ケープ・カナベラル宇宙基地やケネディ宇宙センターがある）N08
- ☐ **carrier:** 運ぶ人、運び手 N17
- ☐ **carry:** ～を身ごもる、妊娠する N06
- ☐ **catch...doing:** …が～しているところを見つける、～している現場を押さえる N05
- ☐ **celebration:** 祝賀、祝祭 N18
- ☐ **cheat:** 不正を行う、カンニングする N05
- ☐ **cheer:** 喝采、歓声 N12
- ☐ **China's parliament:** = the National People's Congress　全国人民代表大会、全人代 N16
- ☐ **climate change:** 気候変動 N03
- ☐ **cocker spaniel:** コッカースパニエル N07
- ☐ **colonialism:** 植民地主義、植民政策 N18
- ☐ **combat:** ～と闘う、～に対抗する N03
- ☐ **come back to win:** 盛り返して～に勝つ、～に逆転勝利する N10
- ☐ **commit:** （資金などを）投入する、つぎ込む N03
- ☐ **condition:** 健康状態、病状 N19
- ☐ **confirm that:** ～ということが真実だと認める N20
- ☐ **console:** = video game console　家庭用ゲーム機 N09
- ☐ **control:** ～を制御する、司る N19
- ☐ **controversial:** 論争の的の、物議を醸す N16
- ☐ **COVID-19:** = coronavirus disease 2019　新型コロナウイルス感染症 N11
- ☐ **criminalize:** ～を違法とする、犯罪と見なす N16
- ☐ **critic:** ①批評家、評論家　②批判的な人、批判者 N04, N16
- ☐ **critical:** 重要な、不可欠な N13
- ☐ **curb:** ～を抑制する、食い止める N14
- ☐ **currently:** 現在は、今は N15
- ☐ **cuttlefish:** コウイカ N04
- ☐ **cyberattack:** サイバー攻撃 N13

D

- ☐ **defeat:** ～を打ち倒す、破る N11
- ☐ **defend:** ～を防衛する、守る N17
- ☐ **delivery robot:** 配達ロボット N14
- ☐ **demand:** 需要 N14
- ☐ **demonstrator:** デモ参加者 N18
- ☐ **departure:** 離れていくこと、離脱 N12
- ☐ **depth perception:** 奥行き知覚（観察する対象までの方向や距離感を把握する感覚のこと）N04
- ☐ **desease:** 病気、疾患 N07
- ☐ **detect:** ～を見つける、探知する N07
- ☐ **detection dog:** 探知犬 N07
- ☐ **determination:** 意志の強さ、決断力 N11
- ☐ **development:** 進展、事の成り行き N16
- ☐ **distant space:** 深宇宙（地球から遠く隔たった宇宙空間。deep space と呼ぶのが一般的）N15
- ☐ **divorce:** 分離、離縁 N12
- ☐ **documentary:** 記録映画、ドキュメンタリー N20
- ☐ **draft selection:** ドラフト会議での選択、指名 N05
- ☐ **drop a set:** セットを失う、落とす N10
- ☐ **drought:** 長期間の欠乏、ひでり N08
- ☐ **dub A B:** A を B と呼ぶ、名づける N07

E

- ☐ **economic indicator:** 経済指標 N18

□ **electrochemical:** 電気化学的な N02
□ **electronic device:** 電子機器 N05
□ **endurance:** 持久力、持続力 N11
□ **epic:** 壮大な、叙事詩のような N17
□ **eternally:** 永遠に、ずっと N06
□ **eventually:** 最終的には、ゆくゆくは N02
□ **exclude A from B:** A を B から除外する N13
□ **exit:** 退去、離脱 N12
□ **exploration:** 探検、探査 N15
□ **exposure:**（ウイルスなどに）さらされること、ばく露 N14
□ **extraordinary:** 並外れた、素晴らしい N06
□ **eye-opening:** 目を見張るような、驚くべき N02

F

□ **favorite:** 大好きな、お気に入りの N04
□ **fear that:** ～ということを恐れる、心配する N19
□ **film:** ①～を撮影する　②映画 N20
□ **final:** 決勝、決勝戦 N10
□ **fine A B:** A に B（金額）の罰金を科す N05
□ **fire:** ～を解雇する N05
□ **flame:** 炎、火炎 N17
□ **for the first time:** 初めて N17
□ **function:** 機能、働き N19
□ **fund:** 基金 N03

G

□ **gamer:** ゲーマー、ゲームオタク N09
□ **Games:** ＝ Olympic Games　オリンピック大会 N17
□ **gay:** 同性愛者の、ゲイの N06
□ **general manager:** ゼネラルマネジャー N05
□ **generation:** 世代 N15
□ **give birth to:** ～を産む、出産する N06
□ **give out:** ～を配る、支給する N03
□ **glue:** ～を接着剤で付ける N04
□ **go after:** ～を追い求める N04
□ **Good for...:**《話》（感心して）…すごいね、やるじゃないか N11
□ **grant:** 助成金、補助金 N03
□ **Greece:** ギリシャ N17
□ **Guinness World Record:** ギネス世界記録 N09

H

□ **have all the fun:** 楽しみを独り占めする N09
□ **have...do:** …に～してもらう、させる N19
□ **have...done:** …を～してもらう N19
□ **head to:** ～に向かう N13
□ **highlander:** 高地人 N11
□ **hold:** ～を持っている、保持している N09

I

□ **IMAX:**《商標》アイマックス（高精細度の映像システムのひとつ）N20
□ **immortal:** 不死身の人 N11
□ **in between:** ～の間に、中間に N01
□ **incredible:** 驚くべき、素晴らしい N11
□ **indicate that:** ～ということを示す N01
□ **infrastructure:** 基盤となる設備、インフラ N13
□ **initiative:** 新構想、新たな取り組み N03
□ **instead:** 代わりに N18
□ **invasion:** 侵入、侵略 N18
□ **investigation:** 調査、捜査 N05

J

□ **jet:** ジェット機 N15
□ **just a few:** ごくわずかの N15

K

□ **keep an eye on:** ～から目を離さない、～を見守る N02
□ **keep up with:** ～に遅れないようにする、～についていく N14

L

□ **Labrador:** ラブラドール N07
□ **launch:** ①（事業などを）始める、立ち上げる　②～を打ち上げる、発射する N03, N08
□ **letter:** 文字 N01
□ **long-drawn-out:** 延々と続く、だらだらした N12
□ **lovingly:** 愛情を込めて、優しく N06

M

□ **mainland:** 本土 N16
□ **make a mistake:** 誤りを犯す、ミスをする N01
□ **make a proclamation:** 宣言する、声明を発表する N10
□ **make an announcement:** 発表する、公表する N03
□ **make sure that:** 確実に～であるようにする N16
□ **malaria:** マラリア N07
□ **manage to do:** 何とか～する N02
□ **manager:** 監督 N05
□ **march through:** ～を行進する N16
□ **mark:** ～を記念する、祝う N18
□ **marksmanship:** 射撃技術 N17
□ **match:** 試合 N10
□ **minimize:** ～を最小化する N14
□ **MLB:** ＝ Major League Baseball　メジャーリーグ、大リーグ N05
□ **most of all:** 何より、とりわけ N06

N

□ **narrate:** ～のナレーションを行う、ナレーターを務める N20
□ **national-security:** 国家安全保障の N13, N16
□ **never look back:** ずっと順調に進む、成功し続ける N09
□ **nickname A B:** A に B というあだ名を付ける N11
□ **night vision:** 暗視、暗視能力 N02
□ **nonagenarian:** 90 代の人 N09
□ **normal:** 普通の状態、通常 N14
□ **now is one's chance:** 今がチャンスだ N15

O

□ **old school:** 守旧派の、伝統派の N01
□ **on board:**（船・飛行機などに）搭乗して N20
□ **op:** ＝ operation　手術 N19
□ **orbit:**（衛星などの）軌道 N08
□ **our planet:** ＝ the Earth　地球 N03
□ **outcry:** 激しい抗議、叫び N10
□ **outer-space:** 大気圏外の、宇宙空間の N08

P

□ **Parkinson's disease:** パーキンソン病 N07
□ **patient:** 患者、病人 N19
□ **pave the way:** 道を切り開く N06
□ **penalize A for B:** B のことで A を罰する、処罰する N05

□ **period:** ピリオド、終止符 N01
□ **pilot time:** 飛行時間、操縦時間 N15
□ **plan on doing:** ～する計画を立てる、～する予定である N20
□ **pledge to do:** ～すると誓う、公的に約束する N03
□ **pole-vault:** 棒高跳びの N17
□ **press for:** ～を強く求める、要求する N13
□ **previous:** 前の、以前の N17
□ **prey:** 獲物、餌食 N04
□ **progress:** 進歩、前進 N02
□ **protest:** 抗議、反対 N18
□ **protester:** 抗議者、デモ参加者 N16
□ **prototype:** 試作品、プロトタイプ N02
□ **publish:** ～を正式に発表する N02
□ **put a dent in:** ～に不利な影響を及ぼす、損害を与える N14

Q

□ **question:** 問題点、論点 N10

R

□ **racial equality:** 人種的平等 N10
□ **raise a concern:** 懸念を提起する N13
□ **recover:** 正常に戻る、回復する N11
□ **remarkable:** 非凡な、素晴らしい N06
□ **remove:** ～を取り除く、除去する N19
□ **requirement:** 必要条件、要件 N15
□ **researcher:** 研究者 N04
□ **respiratory:** 呼吸性の、呼吸器官の N07
□ **response:** 返答、回答 N10
□ **rest:** 休養する、休む N11
□ **...-round:** …巡目の、…回目の N05

S

□ **scary:** 恐ろしい、怖い N19
□ **secession:** 分離独立、離脱 N16
□ **self-driving:** 自動運転の N14
□ **send A into B:** A を B に送り込む N08
□ **send a message:** メッセージを送る、伝える N10
□ **set A aside for B:** A を B のために取っておく、確保する N18
□ **set the wheels in motion:** 事を円滑に実行に移す N12
□ **shoot:** ～を撮影する N20
□ **shooting:** 射撃、射撃競技 N17
□ **sight:** 景色、眺め N08
□ **sniff out:** ～を嗅ぎつける、においで探り出す N07
□ **soar:** 飛翔する、舞い上がる N08
□ **social justice:** 社会正義、社会的公正 N10
□ **soil:** 土地、国土 N08
□ **space agency:** 宇宙機関、宇宙局 N20
□ **spacecraft:** 宇宙船、宇宙探査機 N08
□ **spark:** ～の火付け役となる、～を引き起こす N10
□ **spread:** 拡散、まん延 N14
□ **squiggly line:** くねくねした線、波線 N01
□ **state media:** 国営メディア N16
□ **steal:** ～を盗む、盗み見る N05
□ **strength:** 強さ、力 N11
□ **struggle to do:** ～しようと奮闘する、悪戦苦闘する N14
□ **style guide:** スタイルガイド（出版物などにおいて表記や形式を統一するための手引き）N01
□ **subscriber:** 定期購読者、定期契約者 N09
□ **substantial:** 実体のある、中味の伴った N03
□ **successfully:** 成功のうちに、うまく N19
□ **suggest doing:** ～することを勧める、提案する N01
□ **supply chain:** サプライチェーン、供給連鎖 N14
□ **surgeon:** 外科医、執刀医 N19
□ **surrogate:** = surrogate mother　代理母 N06
□ **symptom:** 症状、症候 N07

T

□ **take off:** うまくいき始める、軌道に乗る N20
□ **take to the streets:** 街頭に繰り出す、抗議のデモを行う N18
□ **take up:**（空間を）取る、占める N01
□ **talks:** 会談、協議 N13
□ **telecom giant:** 通信大手 N13
□ **temporary glue:** 仮止め用のり、一時接着剤 N04
□ **tenderly:** 優しく、そっと N06
□ **terrorism:** テロ行為、テロリズム N16
□ **the bottom of:** ～の底辺、最下層 N18
□ **the dark side of the moon:** 月の裏側 N15
□ **the elderly:**《集合的》高齢者 N11
□ **the EU Parliament:** 欧州議会 N12
□ **the European Council:** 欧州理事会 N12
□ **the International Space Station:** 国際宇宙ステーション N08, N20
□ **the Space Shuttle program:** スペースシャトル計画 N08
□ **threat:** 脅威 N13
□ **threat to:** ～にとっての脅威 N03
□ **...times:** …倍 N14
□ **title:** タイトル、選手権 N17
□ **to go:**〈時間などが〉残って N12
□ **torch relay:** 聖火リレー N17
□ **track:** ①～を追う、見守る　②移動する、推移する N16, N18
□ **train:** ～を訓練する、しつける N07
□ **transition:** 移行、遷移 N01
□ **trial:** 試験、実験 N07
□ **typewriter:** タイプライター N01

U

□ **US secretary of state:** 米国国務長官 N13

V

□ **Velcro:** 面ファスナー、マジックテープ（Velcro はベルクロ社の商標だが、マジックテープを指す一般名詞としても使われている。なお、マジックテープという語も別の会社の商標に由来する）N04
□ **victim:** 犠牲者、被害者 N10
□ **vision:** 視覚、視力 N04
□ **vote overwhelmingly to do:** ～することを圧倒的多数で可決する N12

W

□ **watch over:** ～を見守る、～の世話をする N06
□ **width:** 幅、横幅 N01
□ **win gold:**（競技などで）金メダルを獲得する、優勝する N17
□ **Word:** ワード（マイクロソフト社製の文書作成ソフト）N01
□ **work on:** ～に取り組む N13

電子書籍版（PDF）・MP3音声の入手方法

本書のご購入者は、下記URLまたはQRコードから申請していただければ、本書の電子書籍版（PDF）とMP3音声を無料でダウンロードすることができるようになります。スマートフォンなどに入れておけば便利です。

申請サイトURL（ブラウザの検索窓ではなく、URL入力窓に入力してください）

https://www.asahipress.com/cnnnl/naosakmask/

【注意】

- PDFは本書の紙面を画像化したものです。MP3音声は本書付録のCDと同一内容です。
- 本書初版第1刷の刊行日（2020年10月25日）より1年を経過した後は、告知なしに上記申請サイトを削除したり電子書籍版（PDF）・MP3音声の配布をとりやめたりする場合があります。あらかじめご了承ください。

［音声＆電子書籍版付き］

CNNニュース・リスニング2020［秋冬］

2020年10月25日　初版第1刷発行

編　集　『CNN English Express』編集部
発行者　原 雅久
発行所　株式会社 朝日出版社
〒101-0065 東京都千代田区西神田3-3-5
TEL: 03-3263-3321　FAX: 03-5226-9599
郵便振替 00140-2-46008
https://www.asahipress.com（HP）　https://twitter.com/asahipress_com（ツイッター）
https://www.facebook.com/CNNEnglishExpress（フェイスブック）
印刷・製本　凸版印刷株式会社
DTP　有限会社 ファースト
音声編集　ELEC（一般財団法人 英語教育協議会）
表紙写真　USA TODAY Sports/ロイター/アフロ
装　丁　岡本 健＋藤原由貴（岡本健＋）